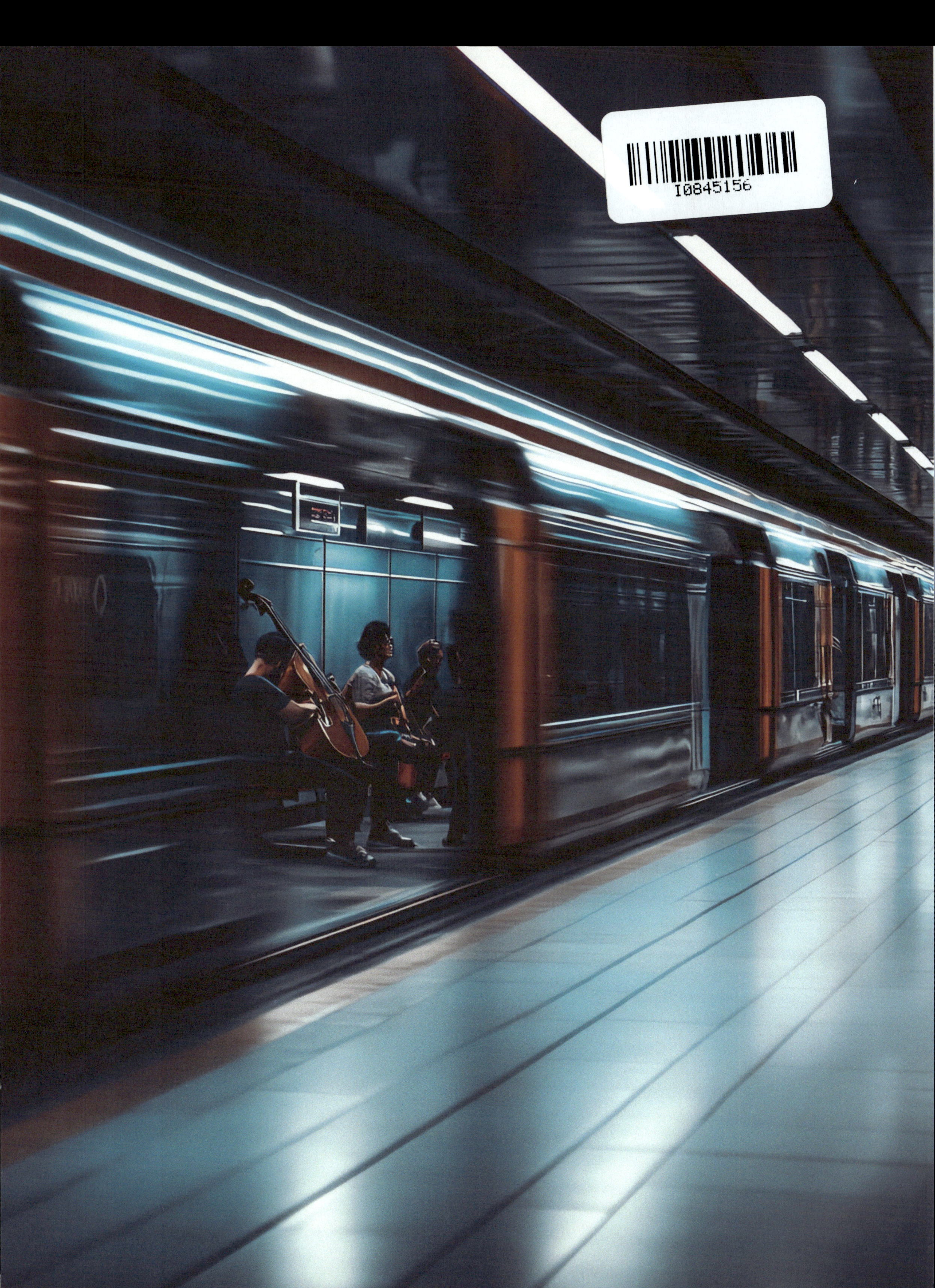

I0845156

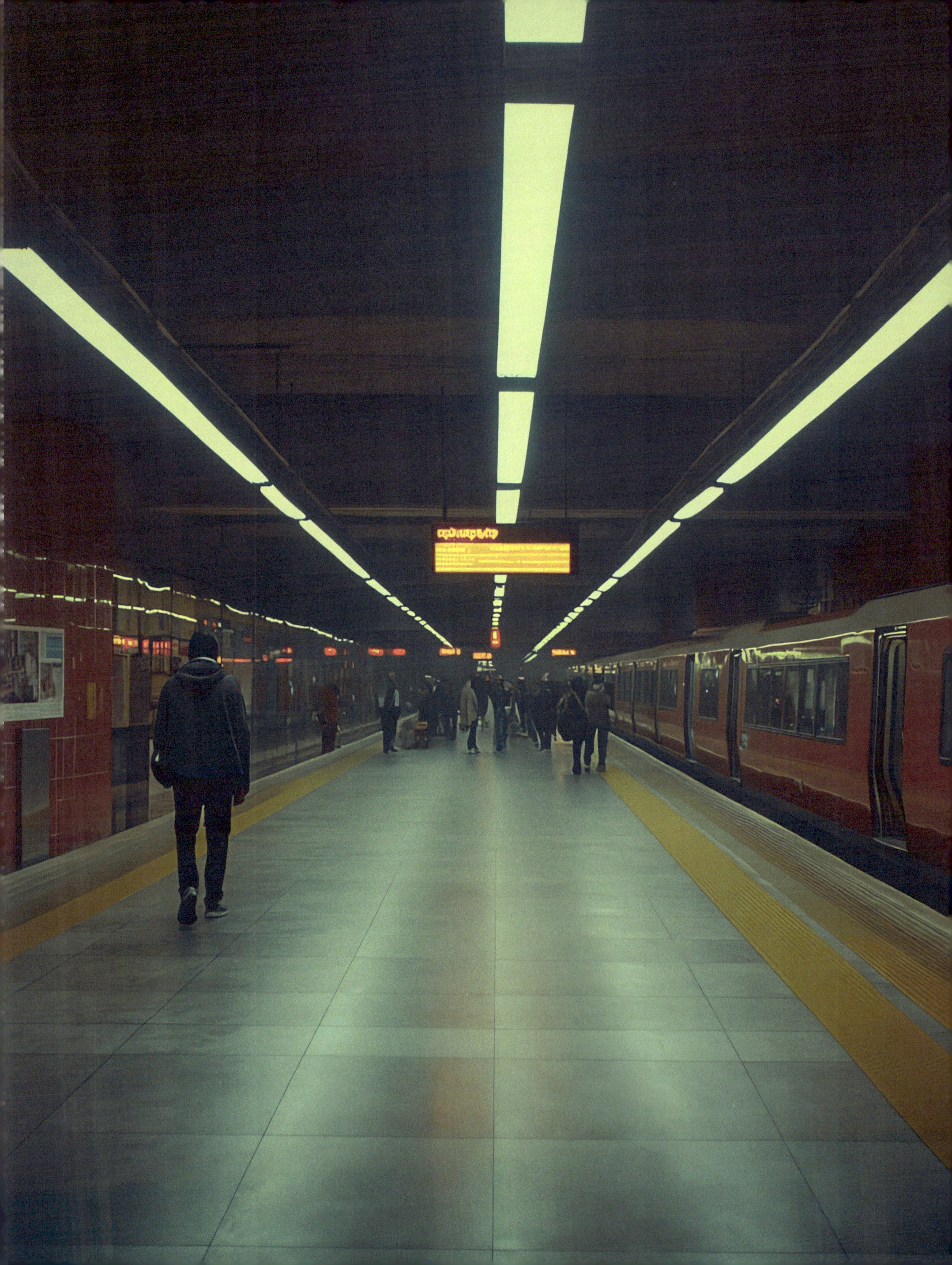

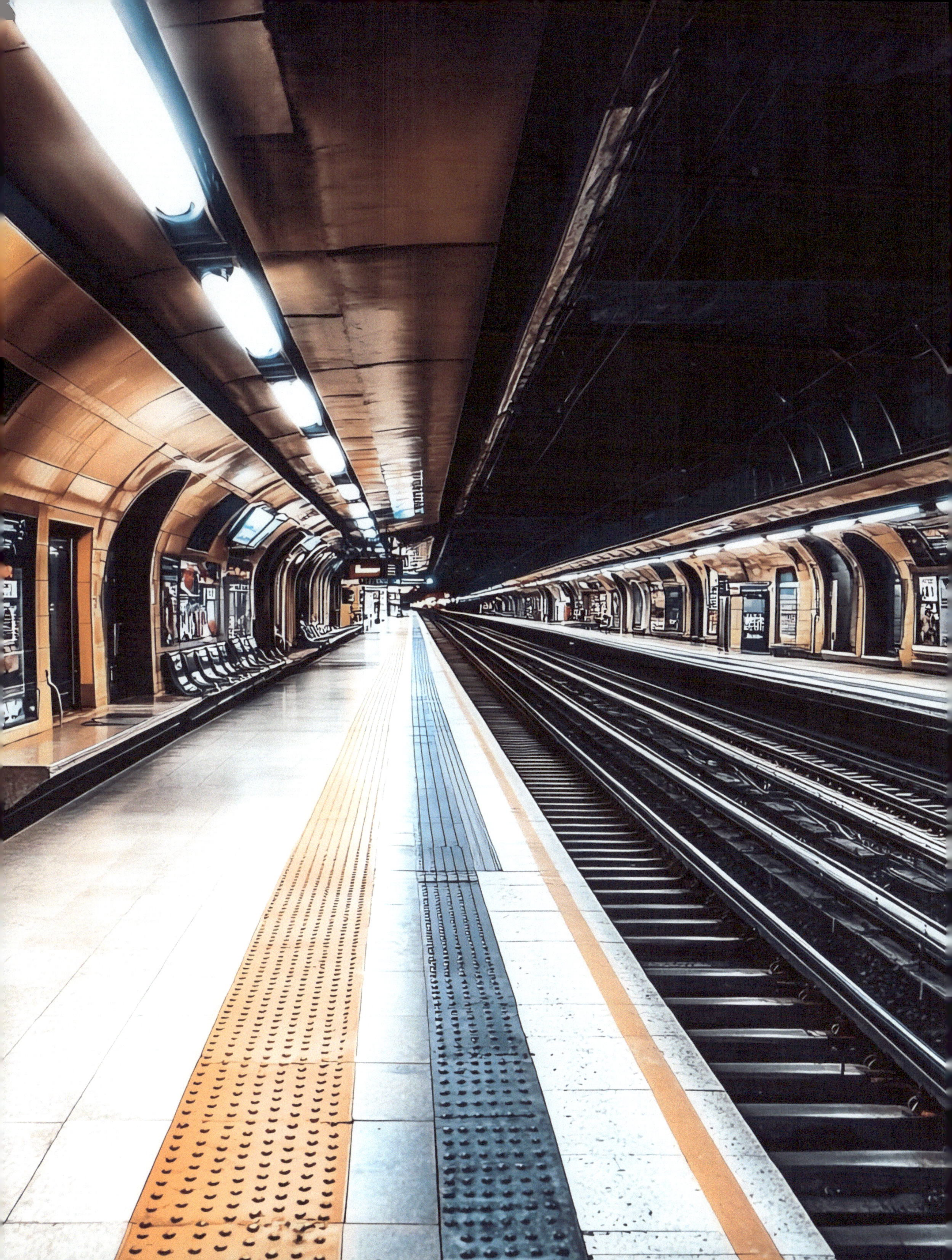

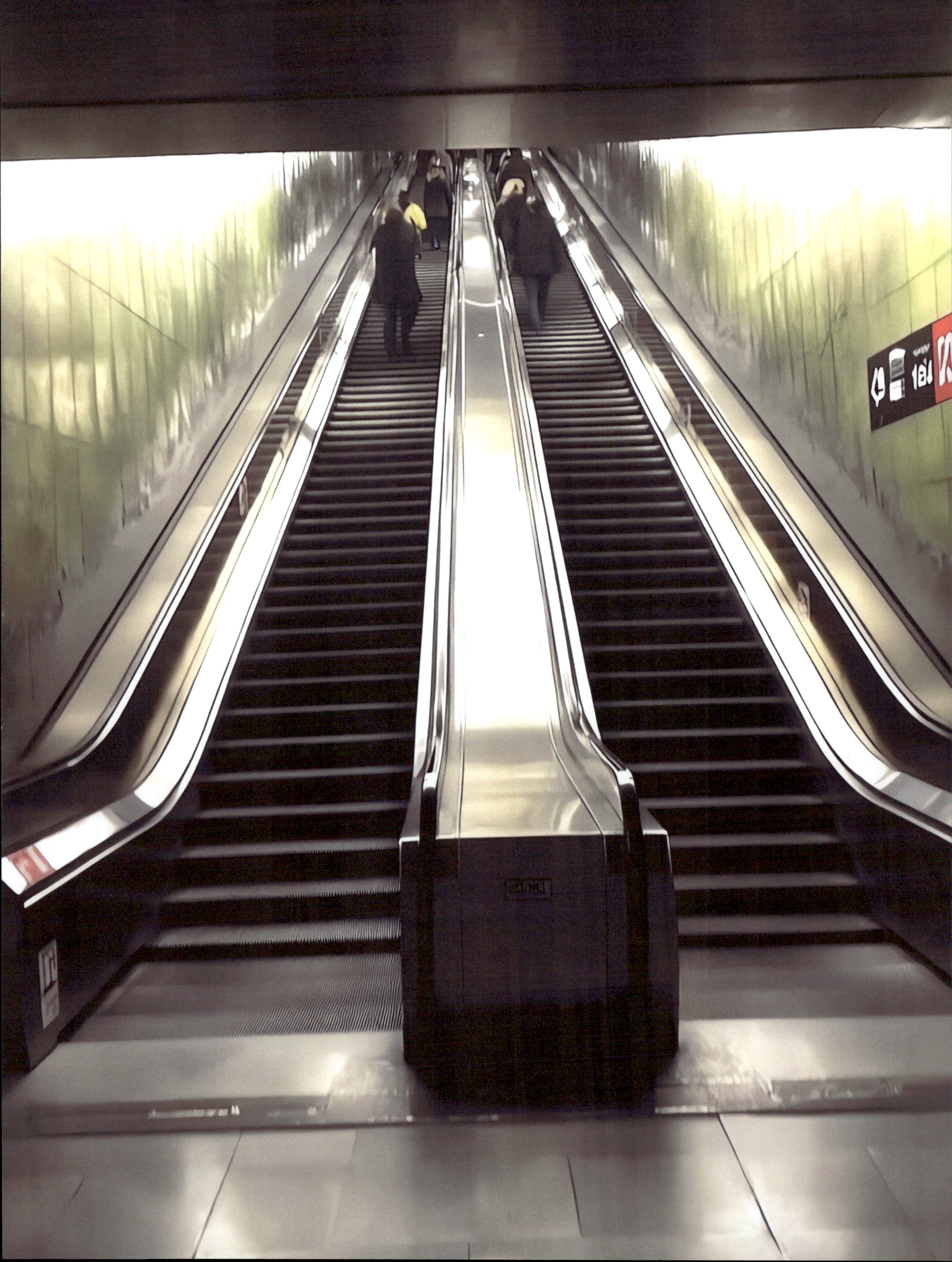

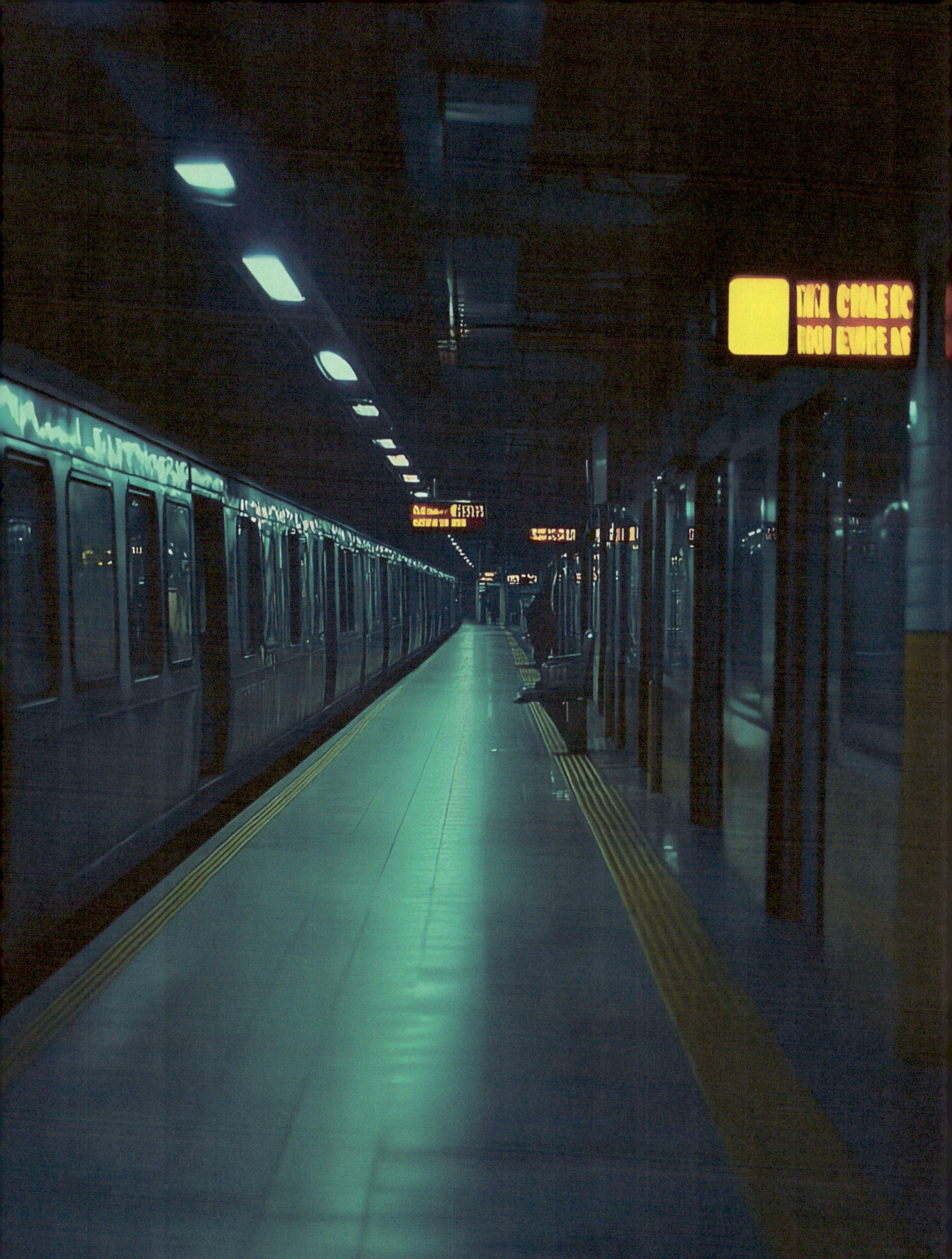

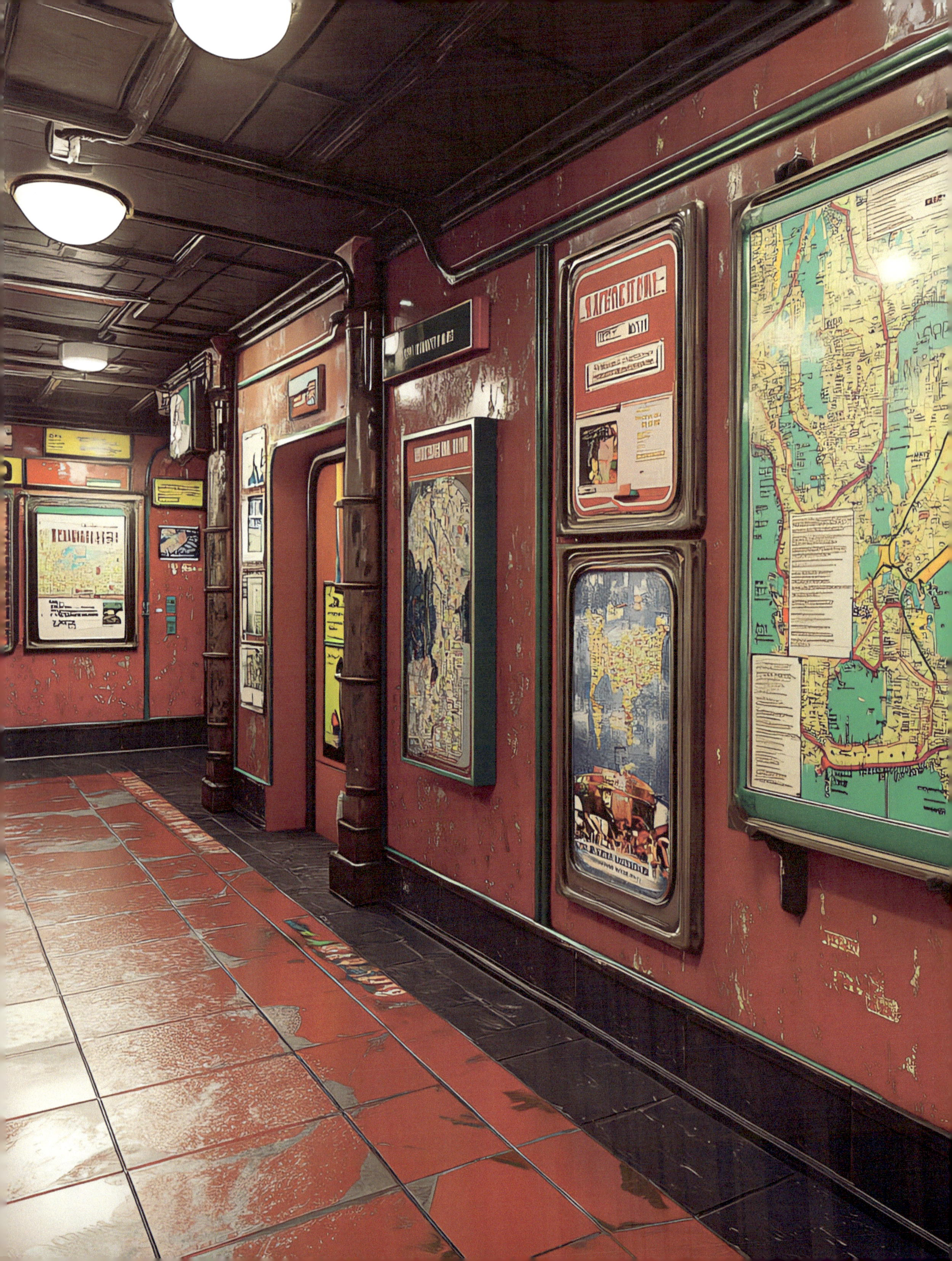

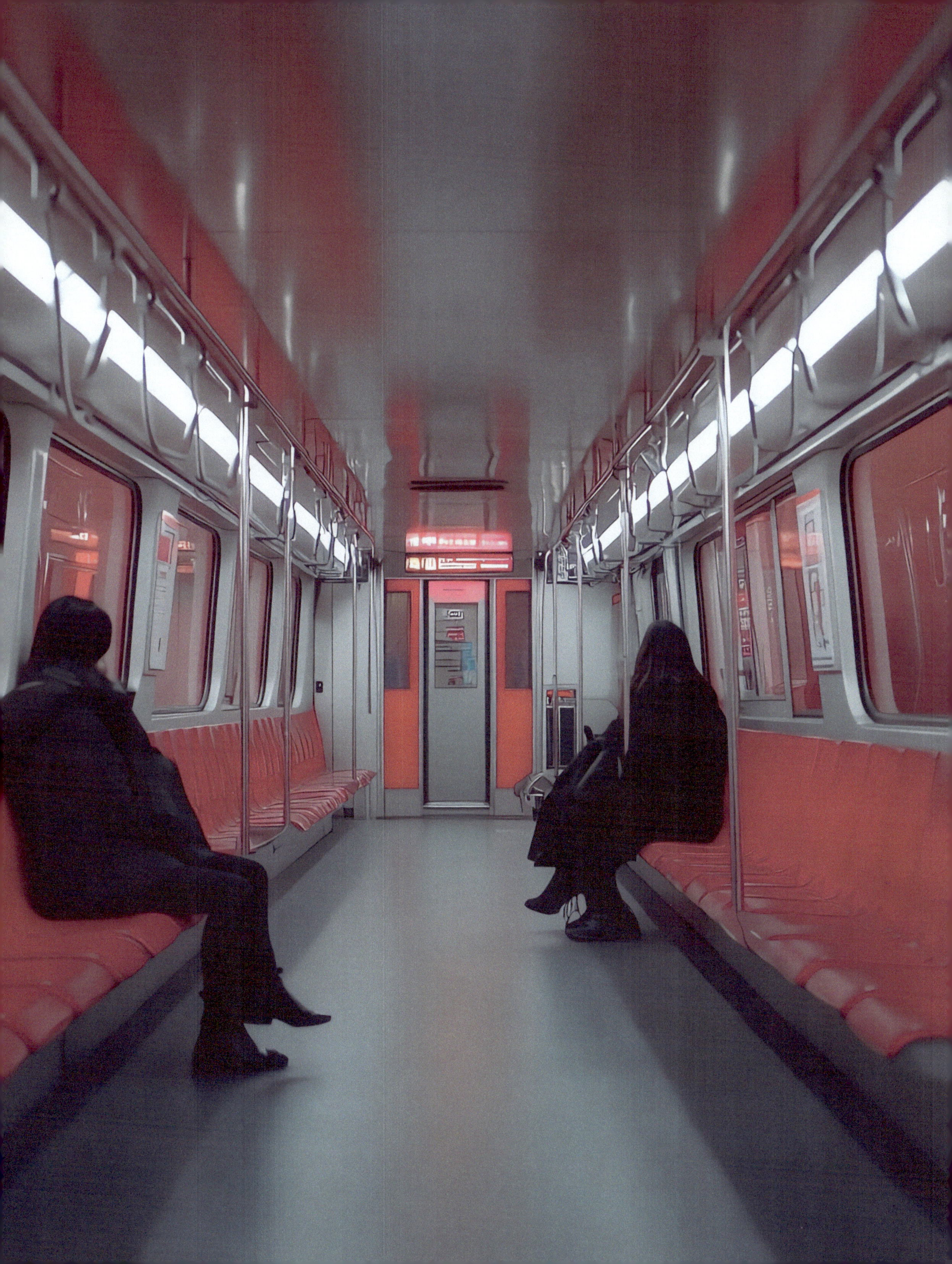

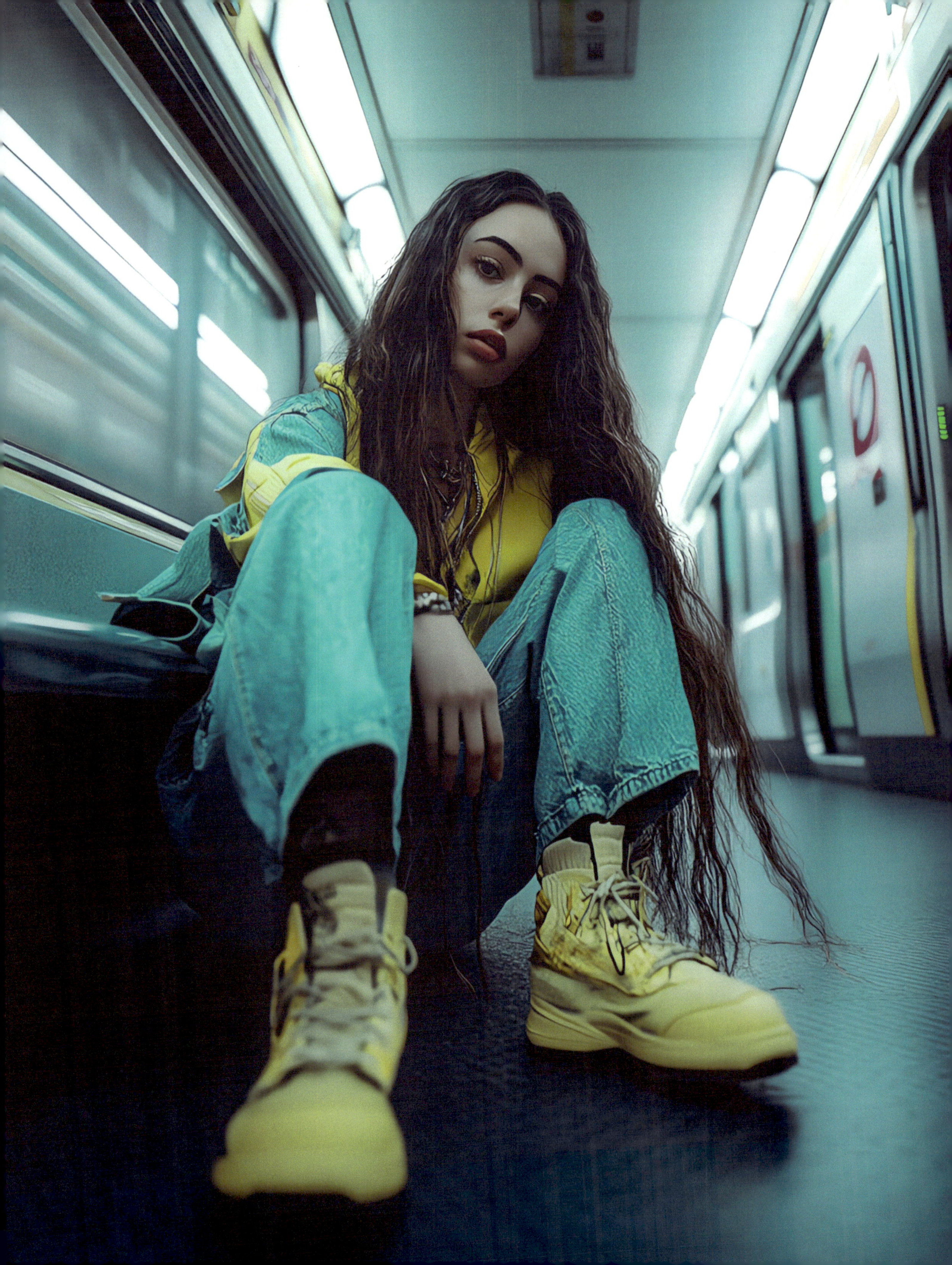

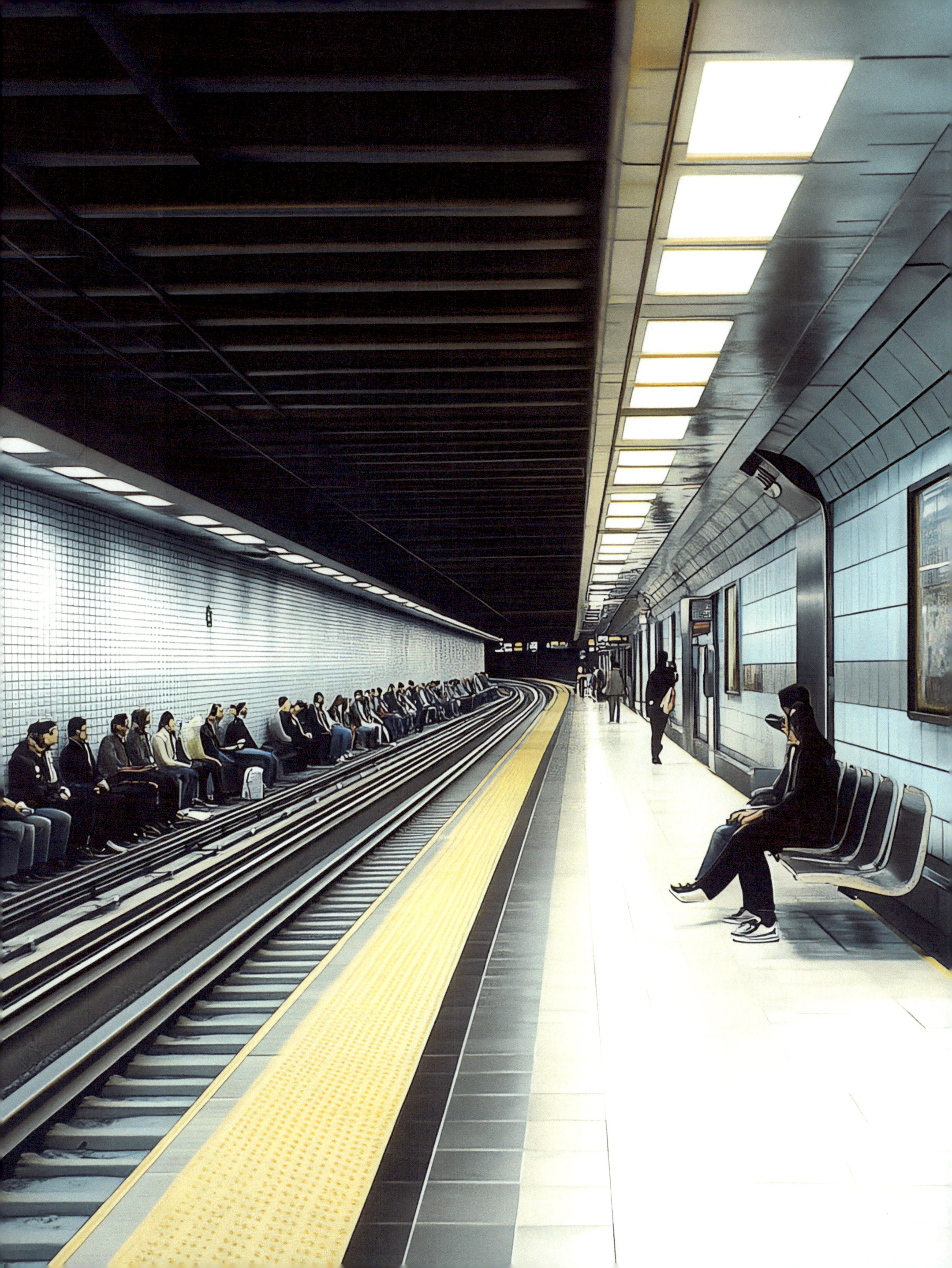

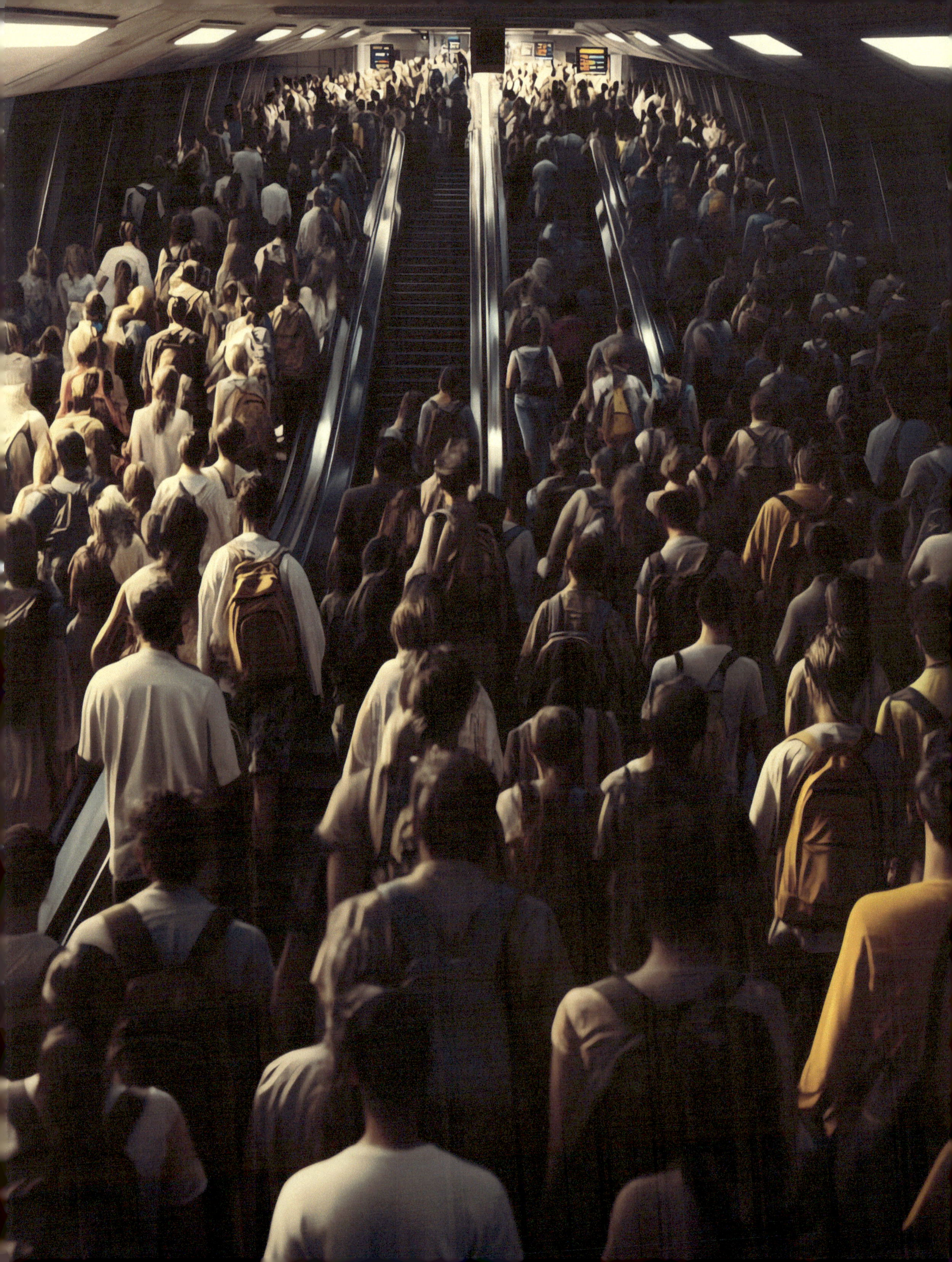

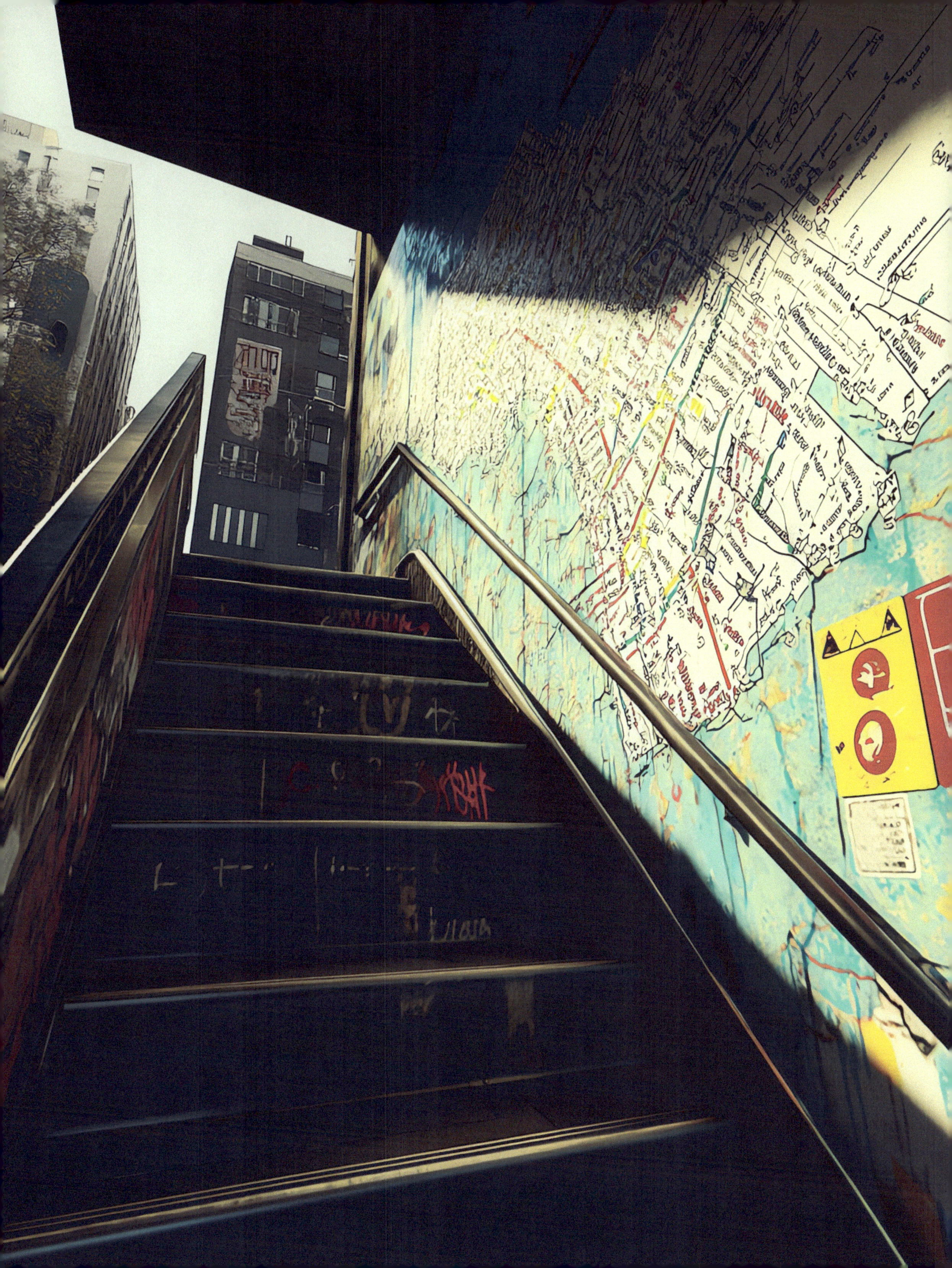

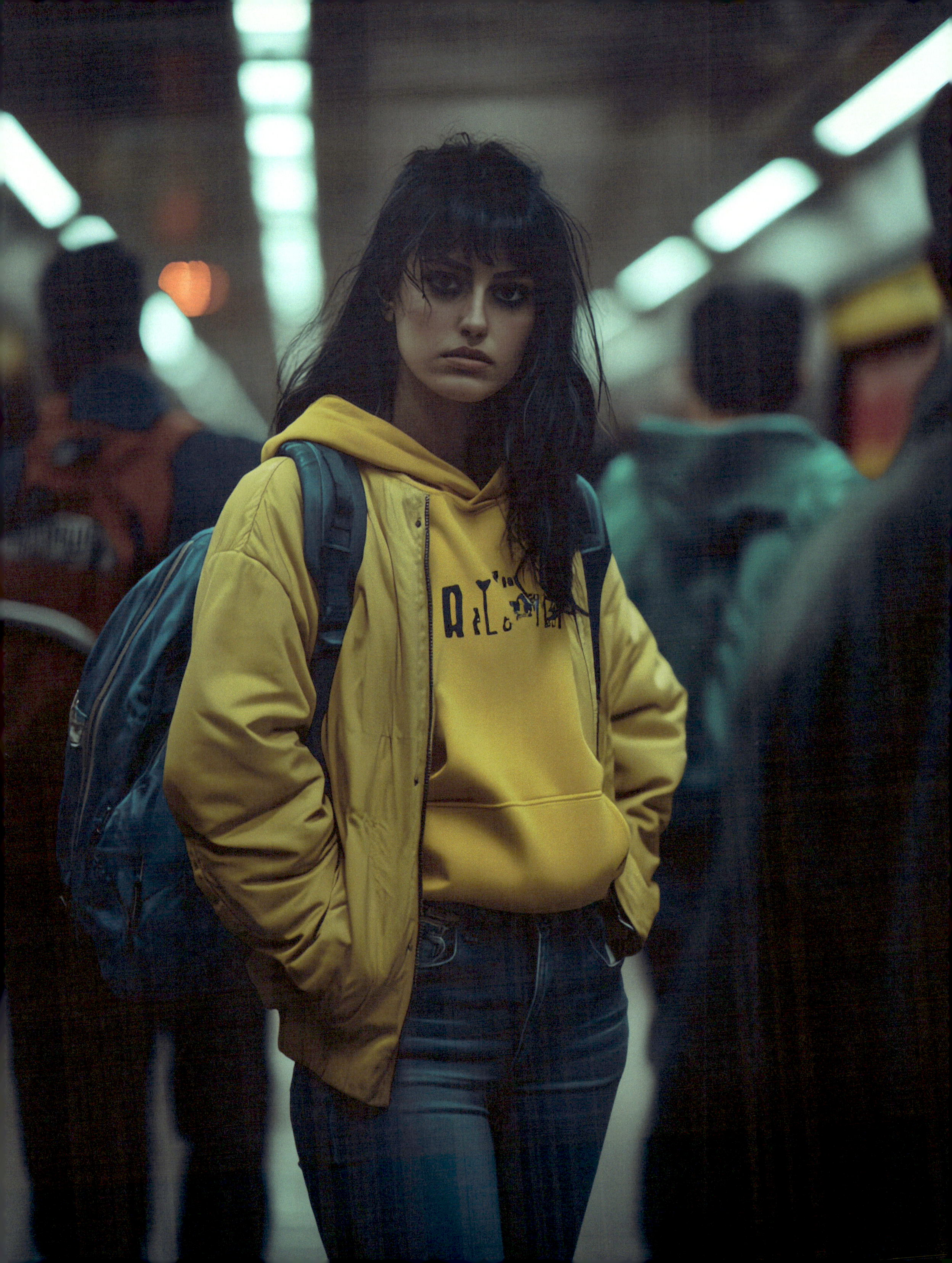

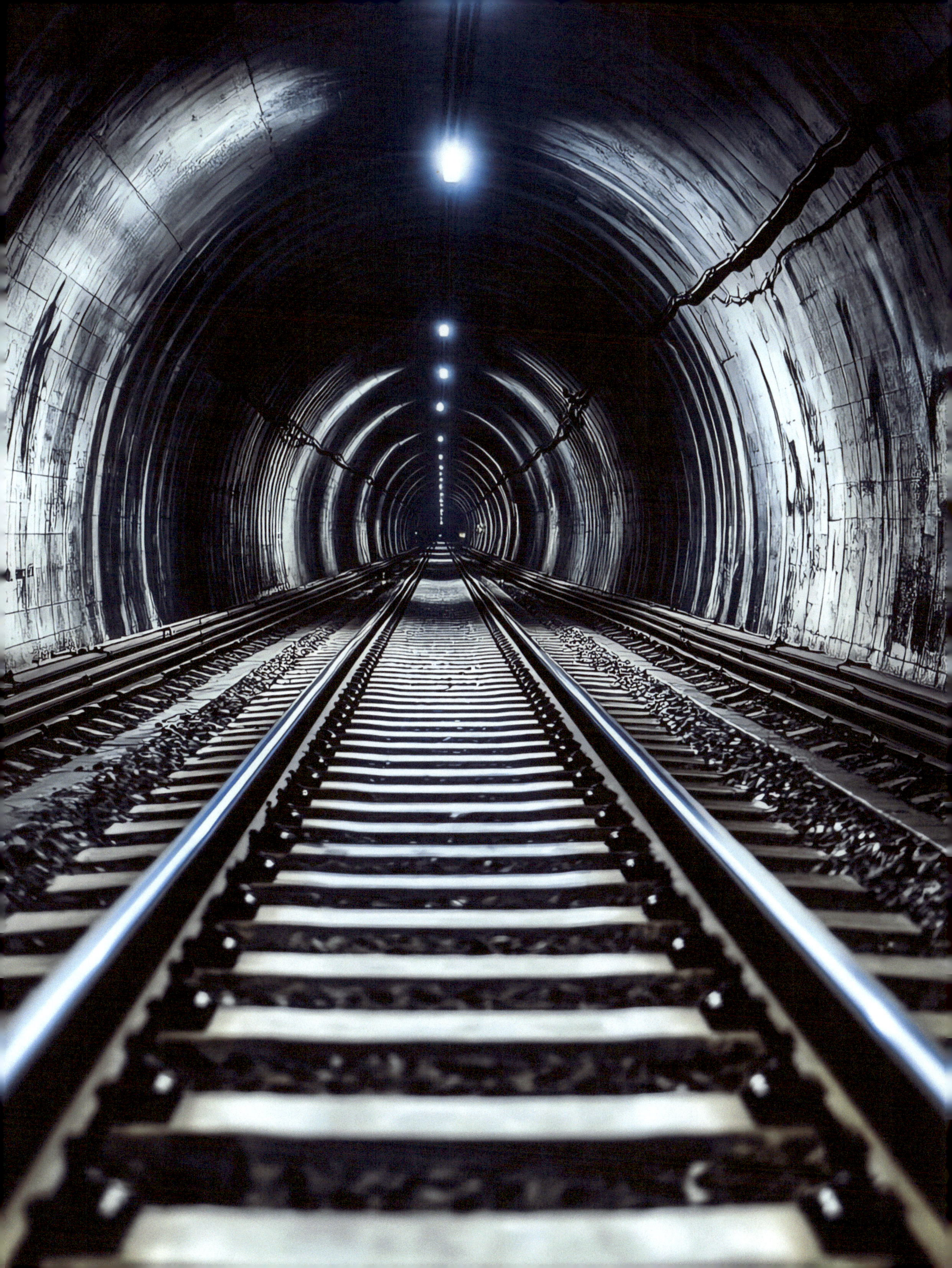

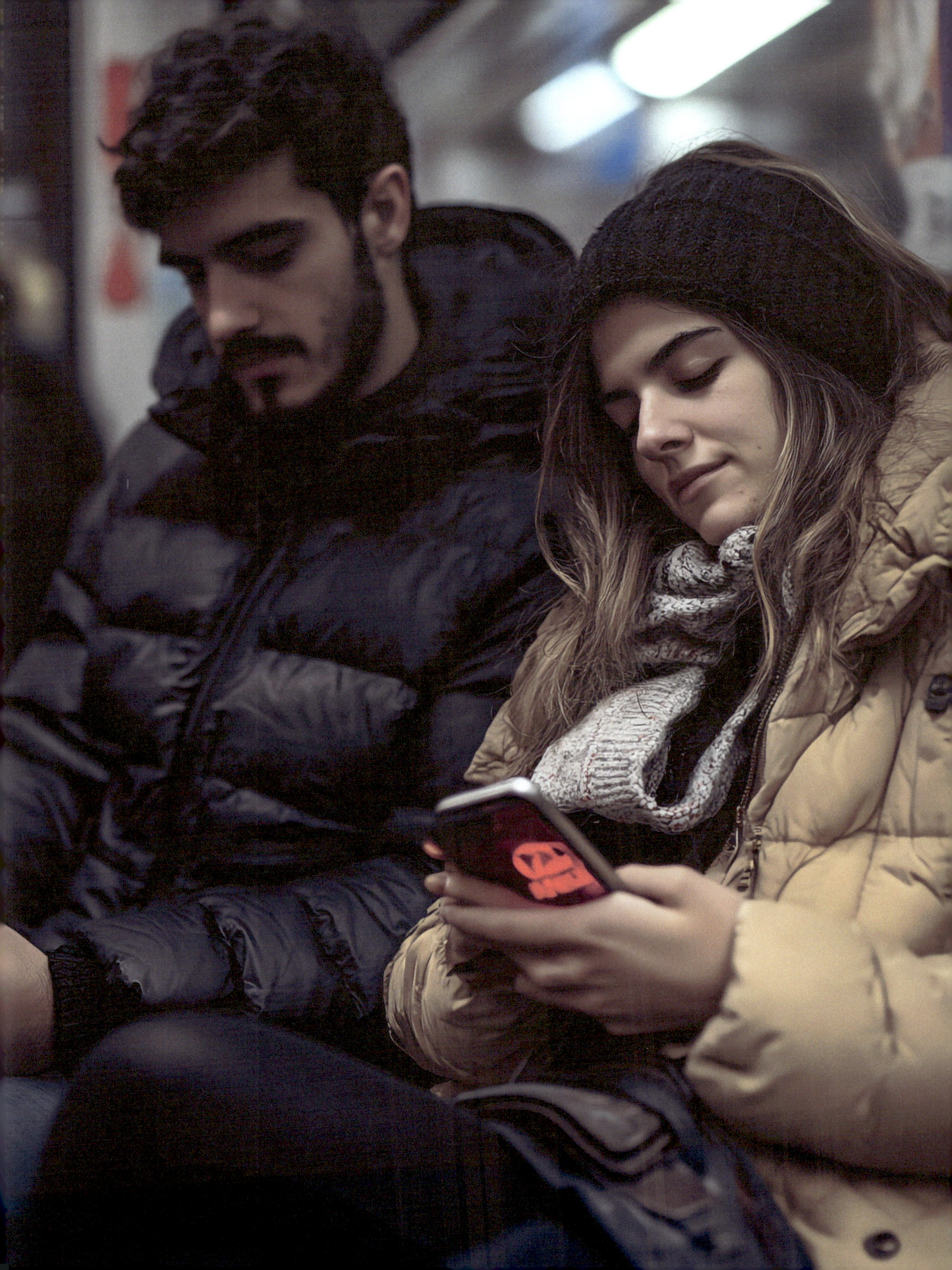

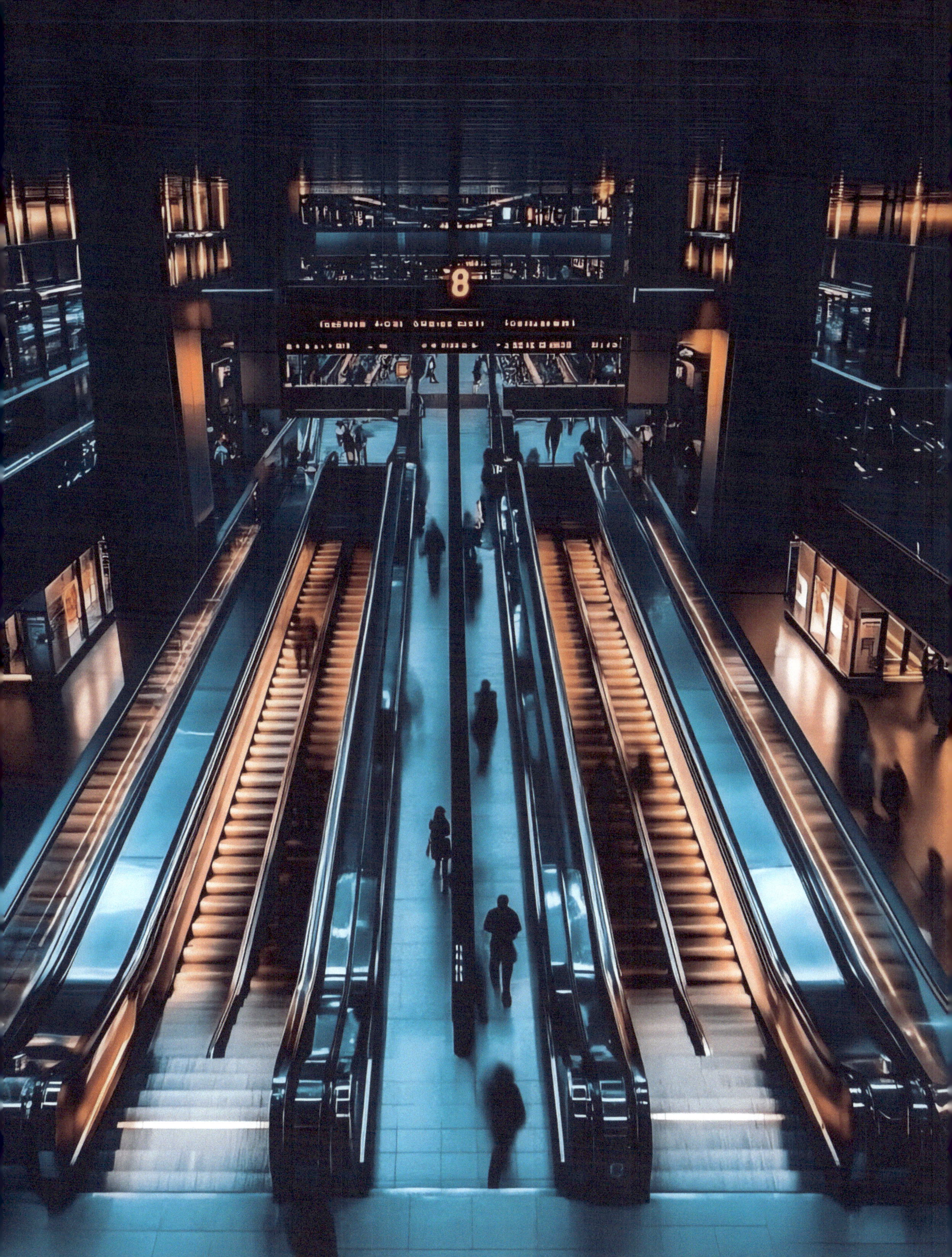

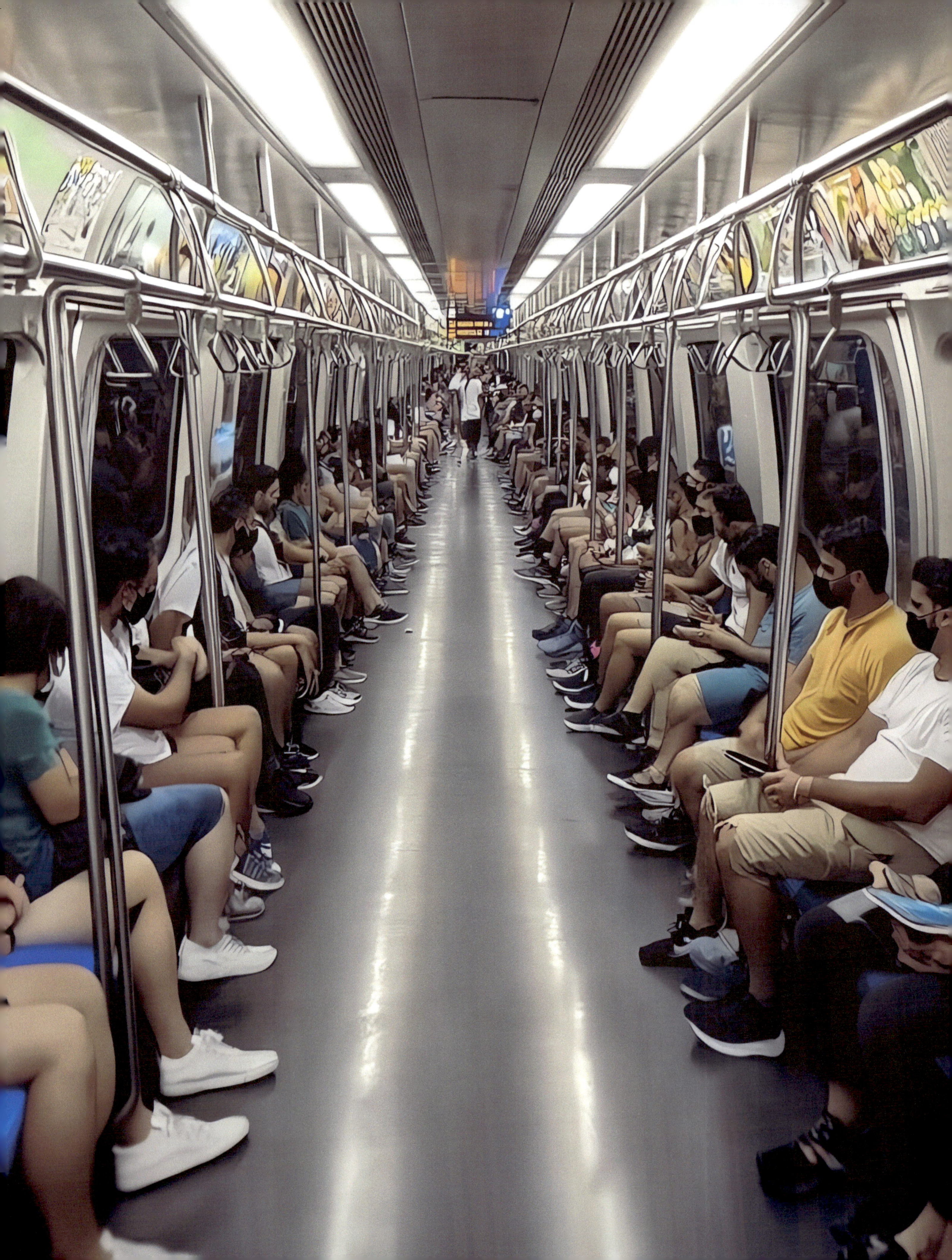

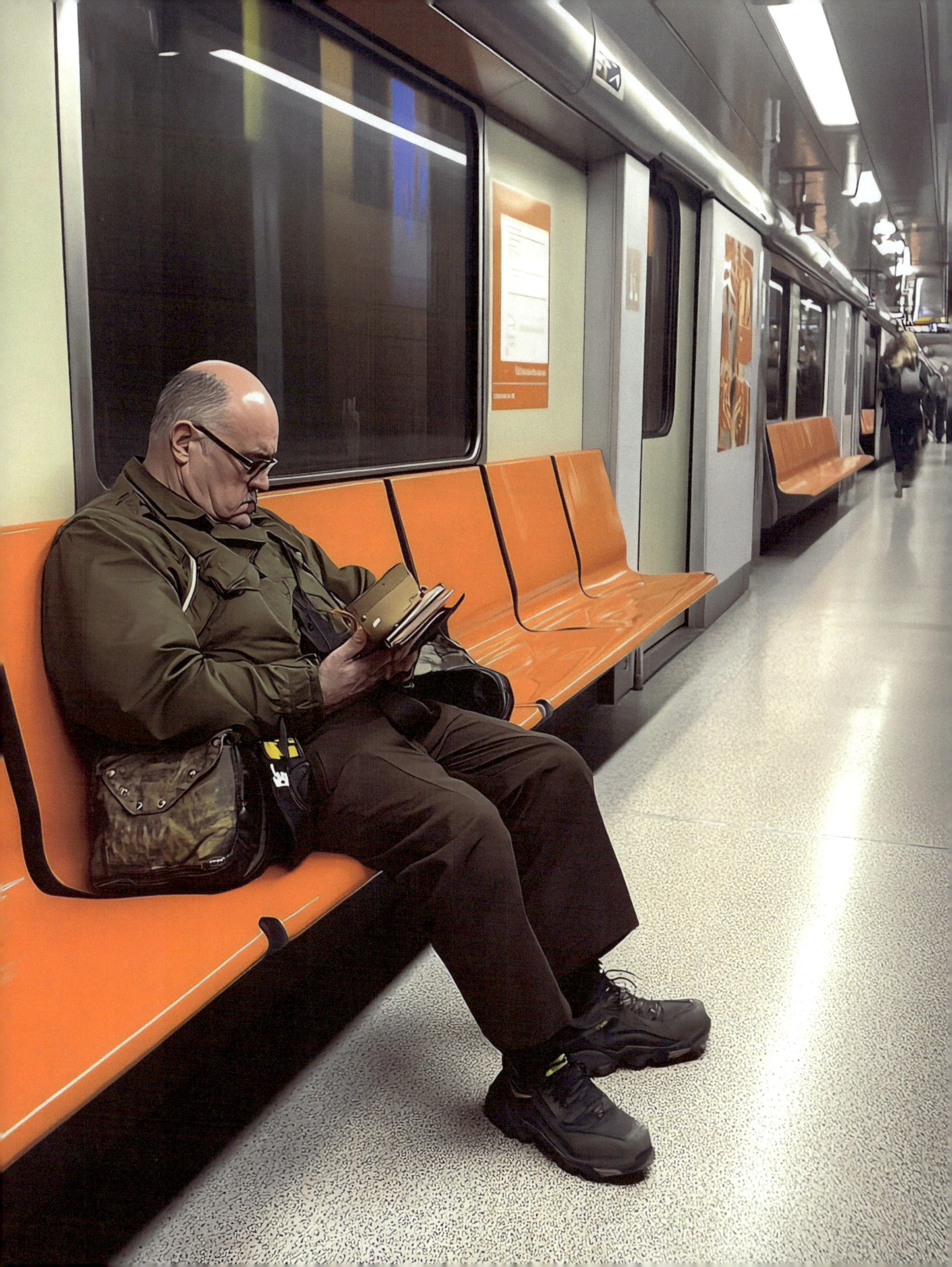

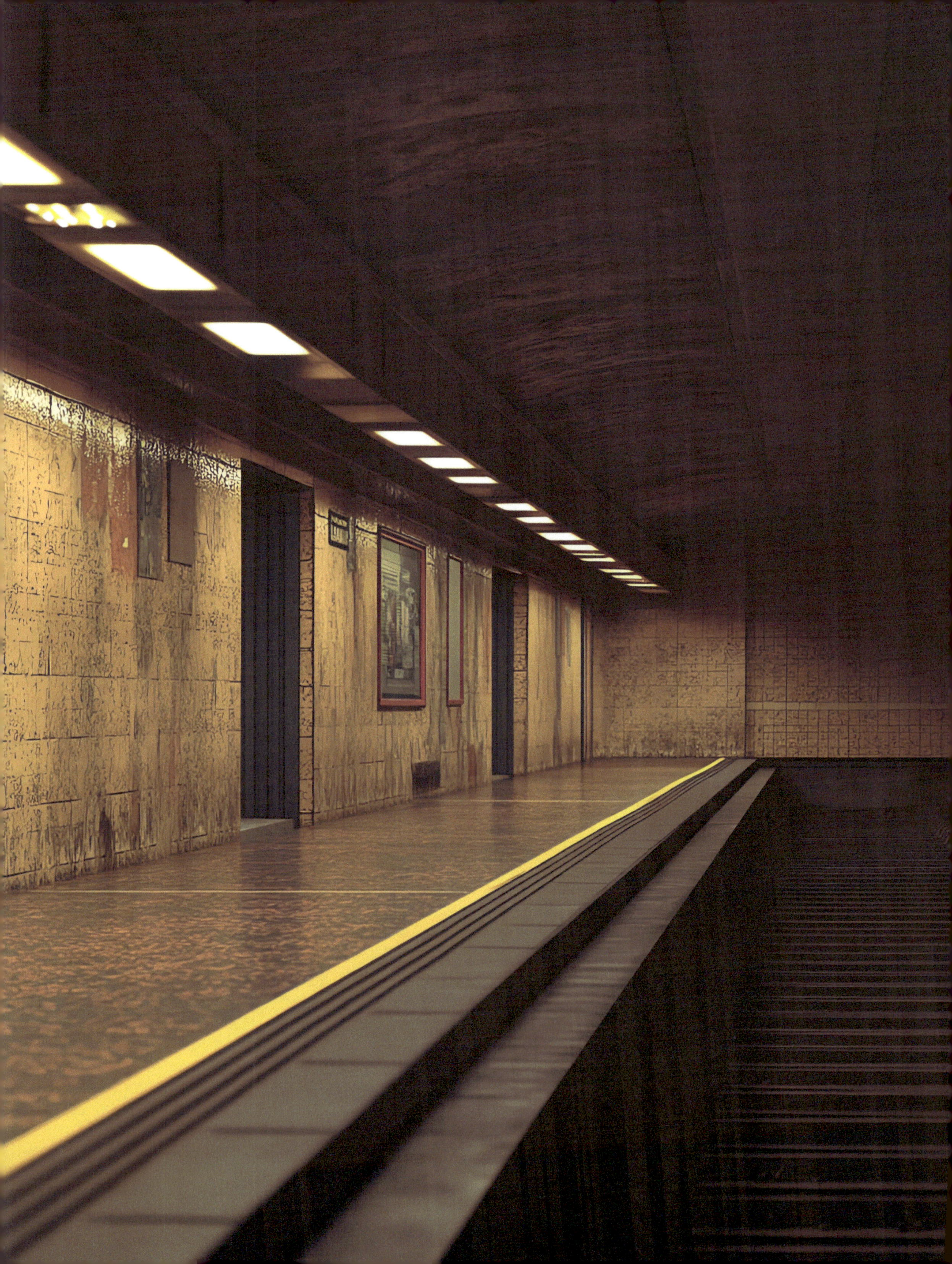

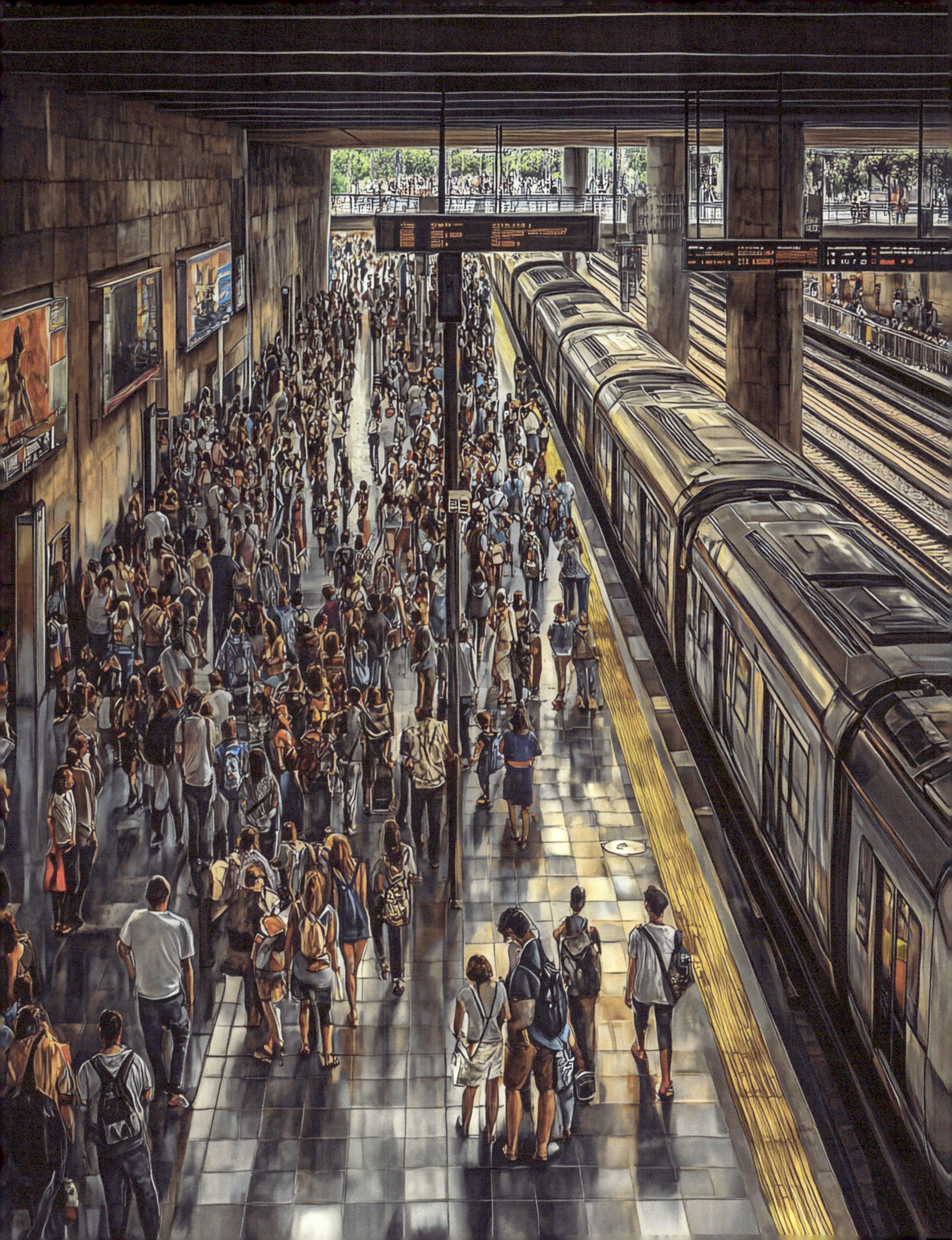

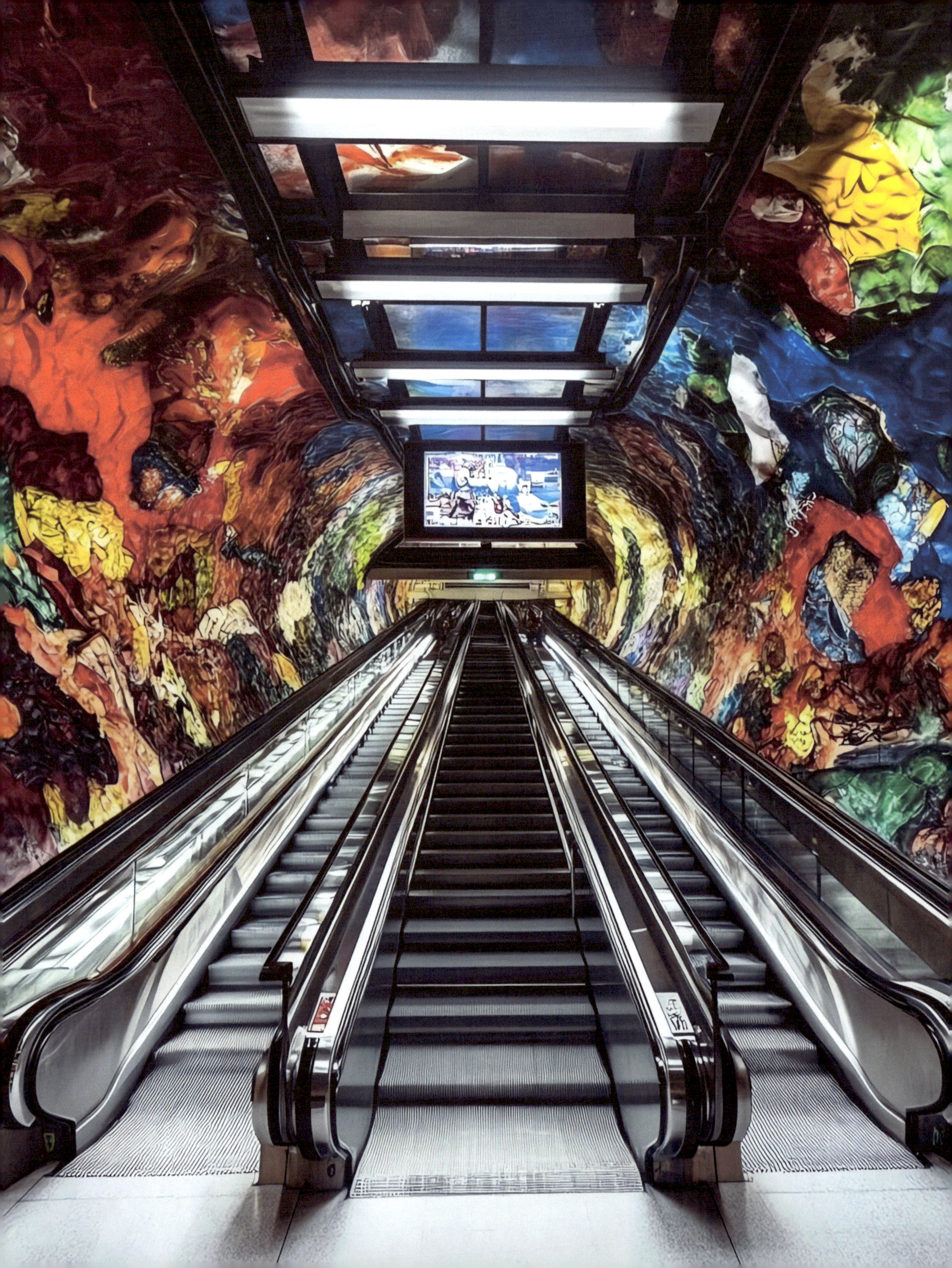

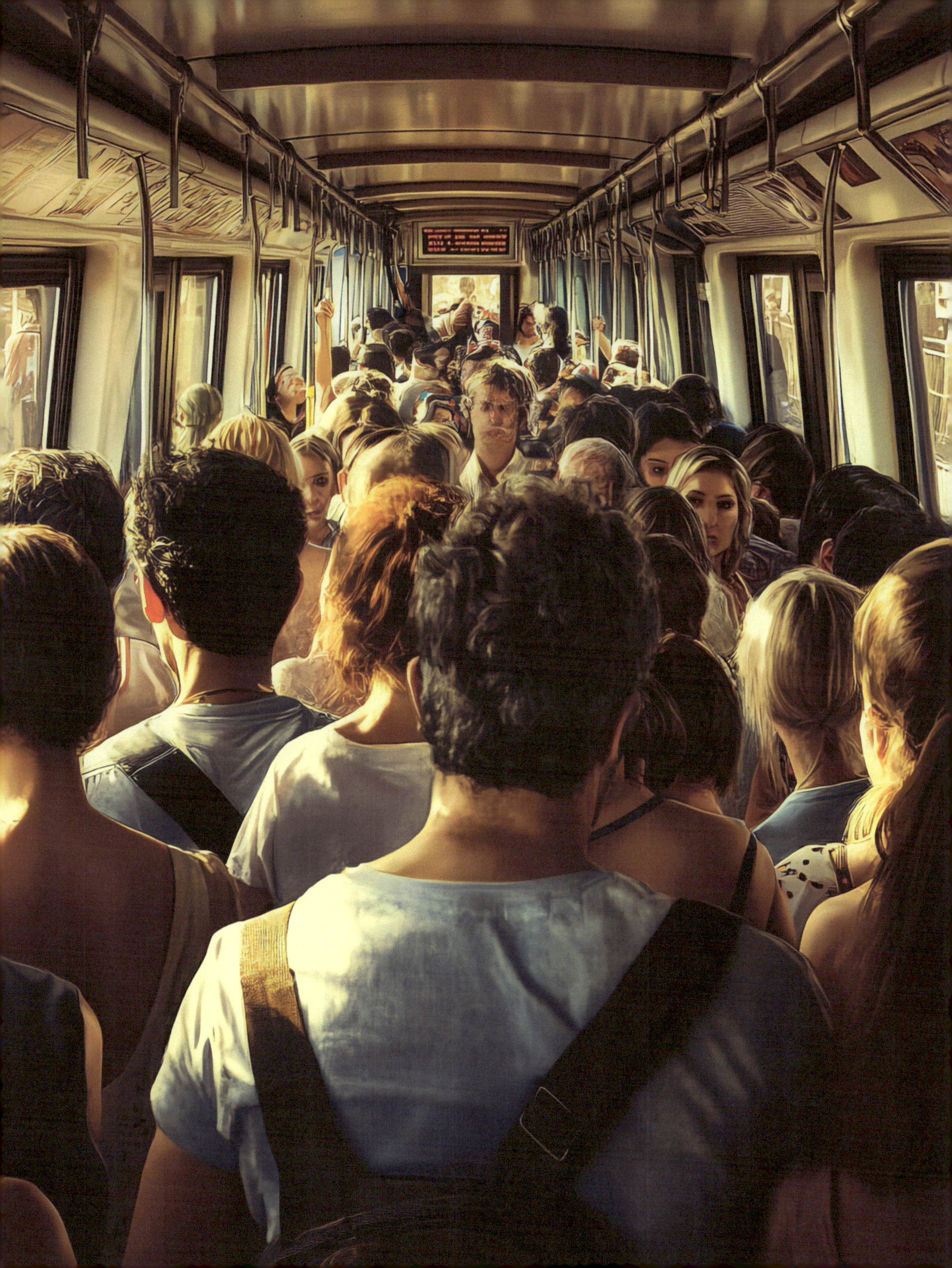

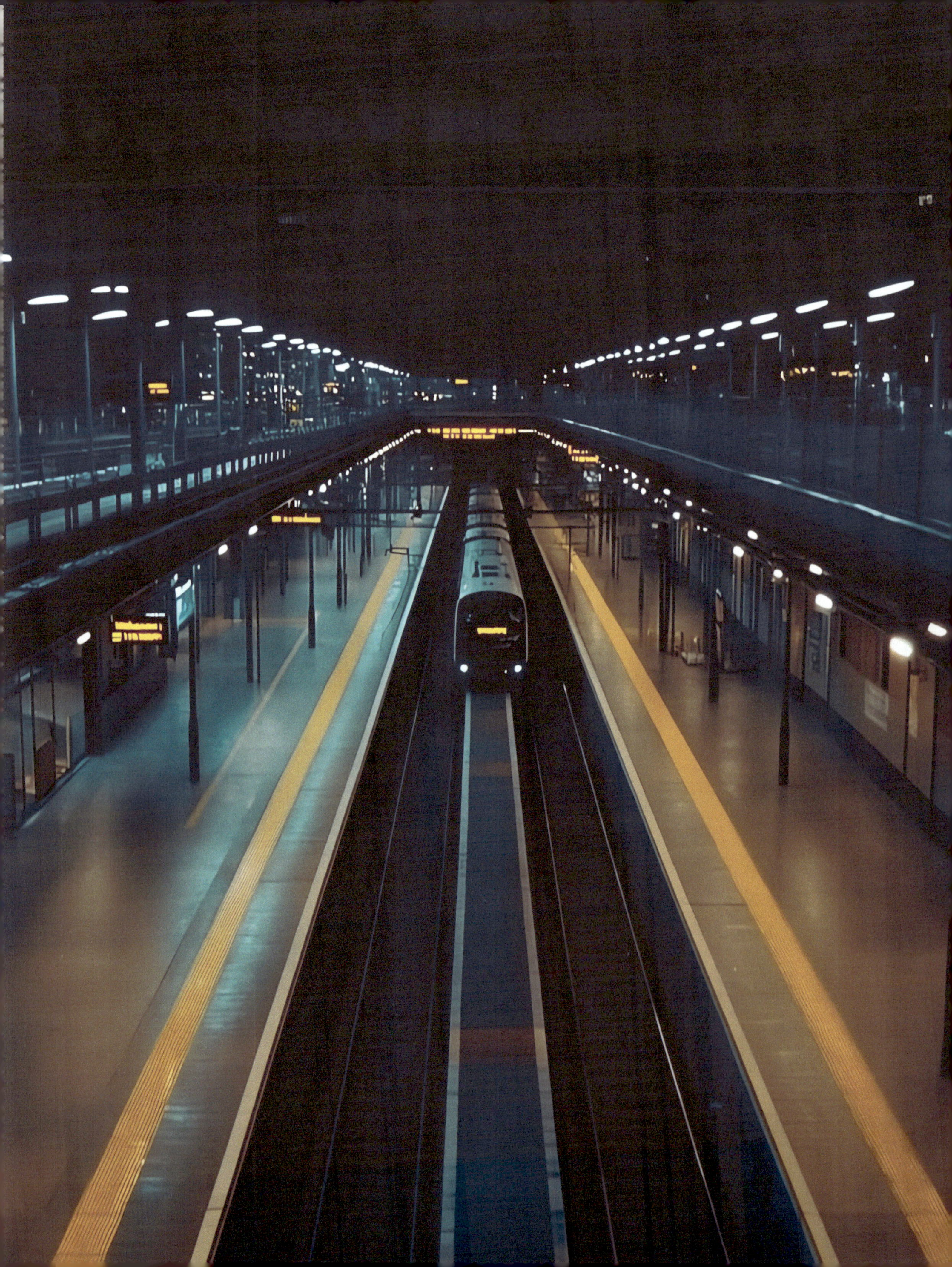

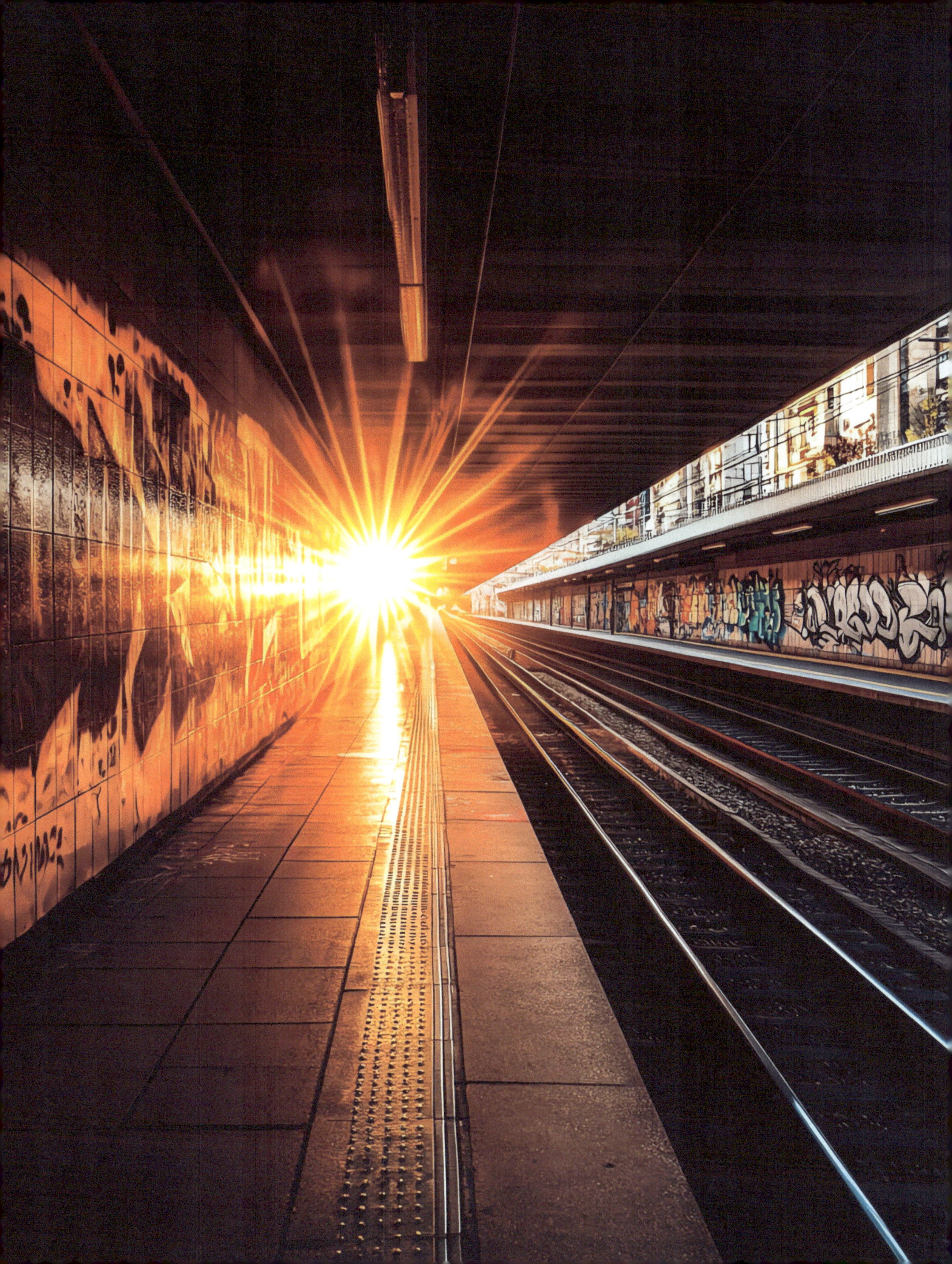

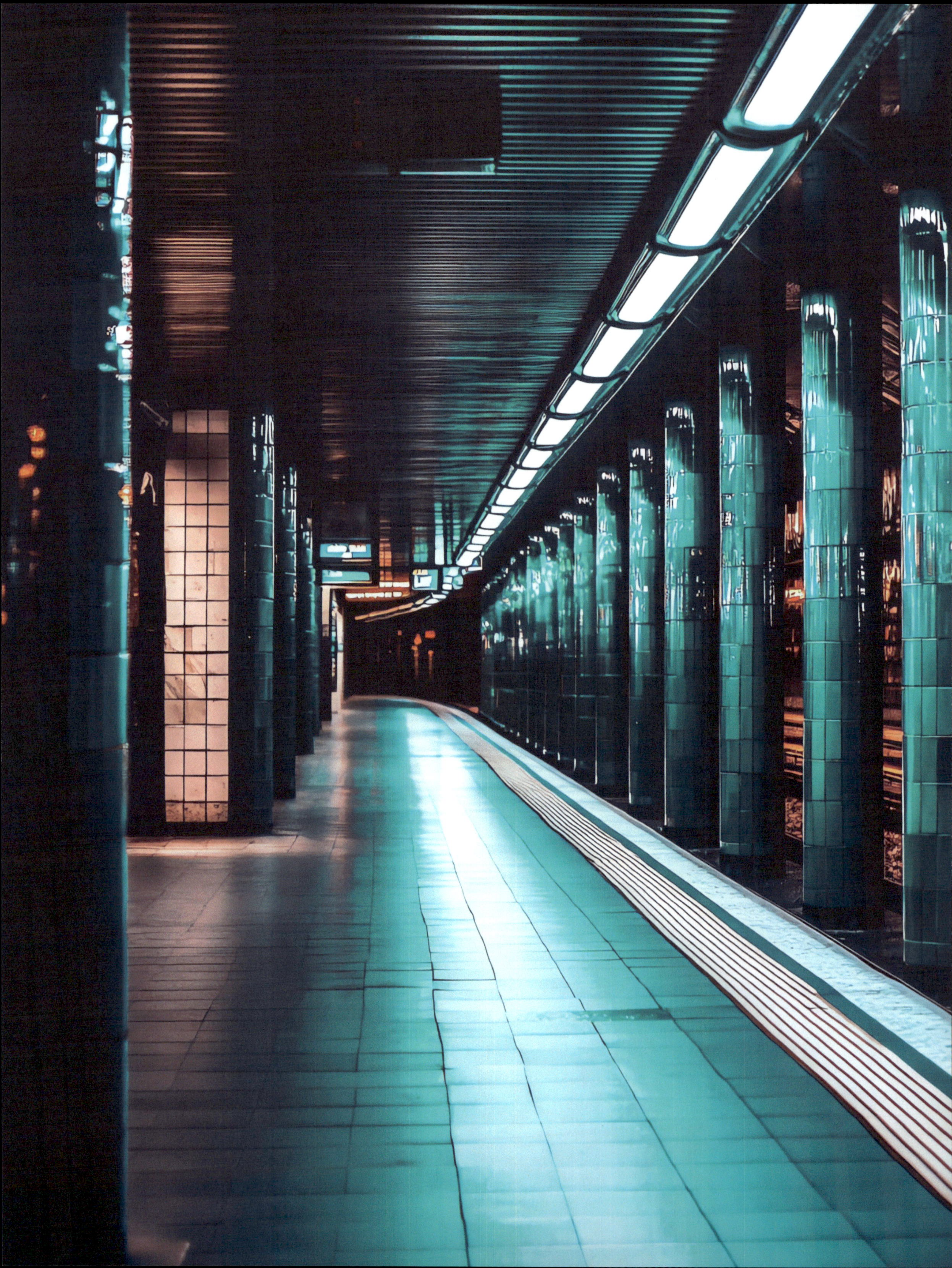

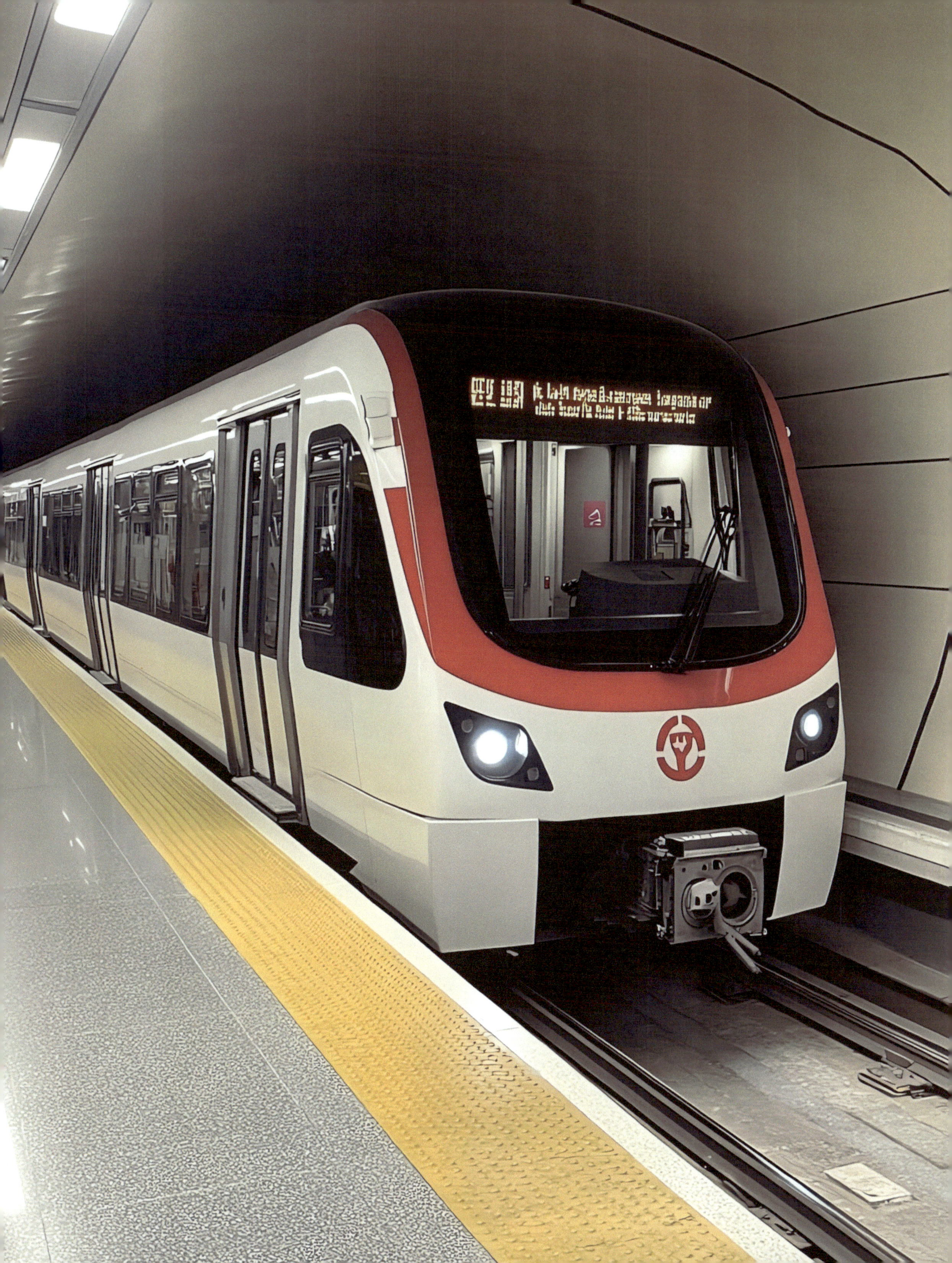

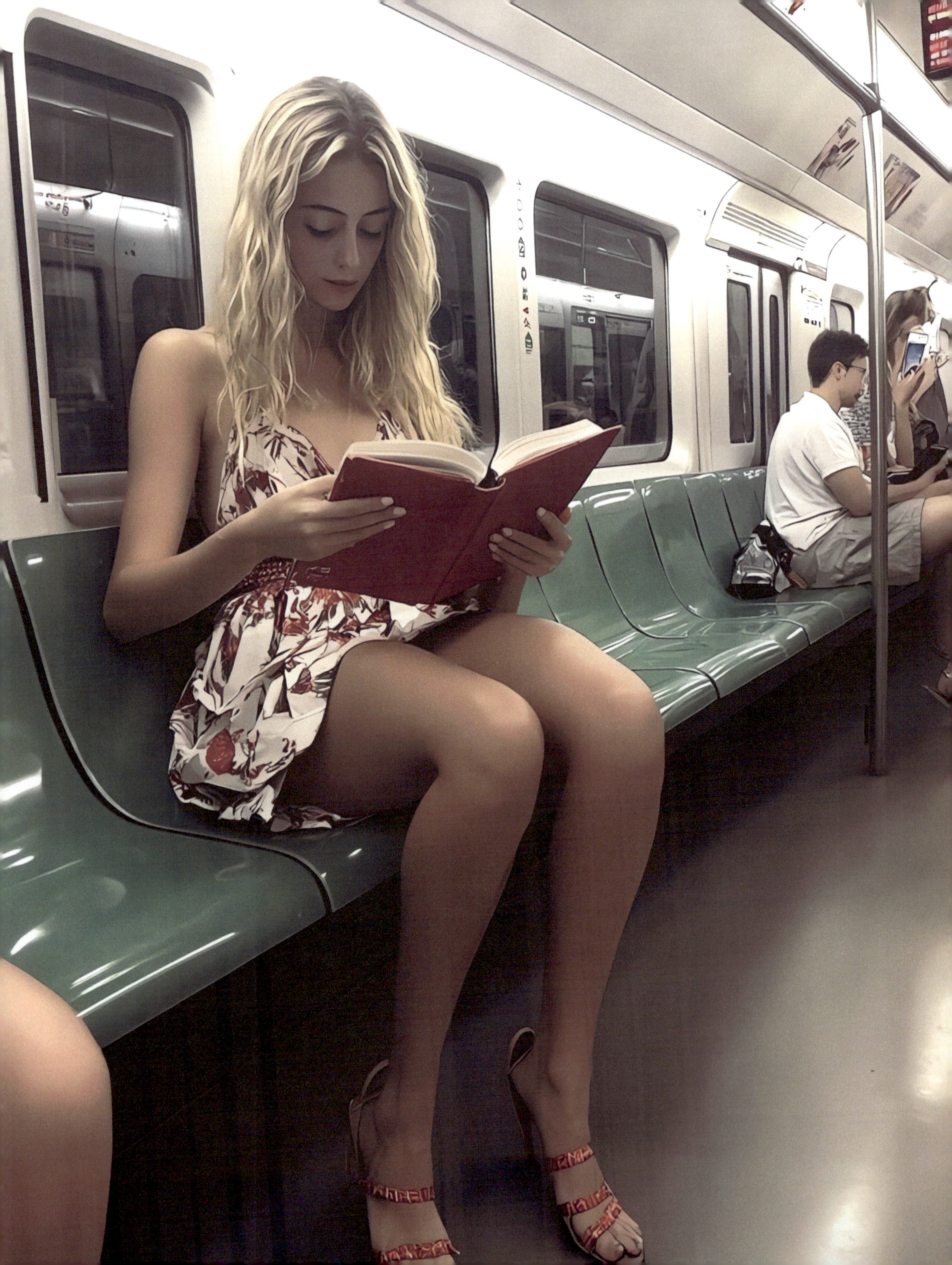

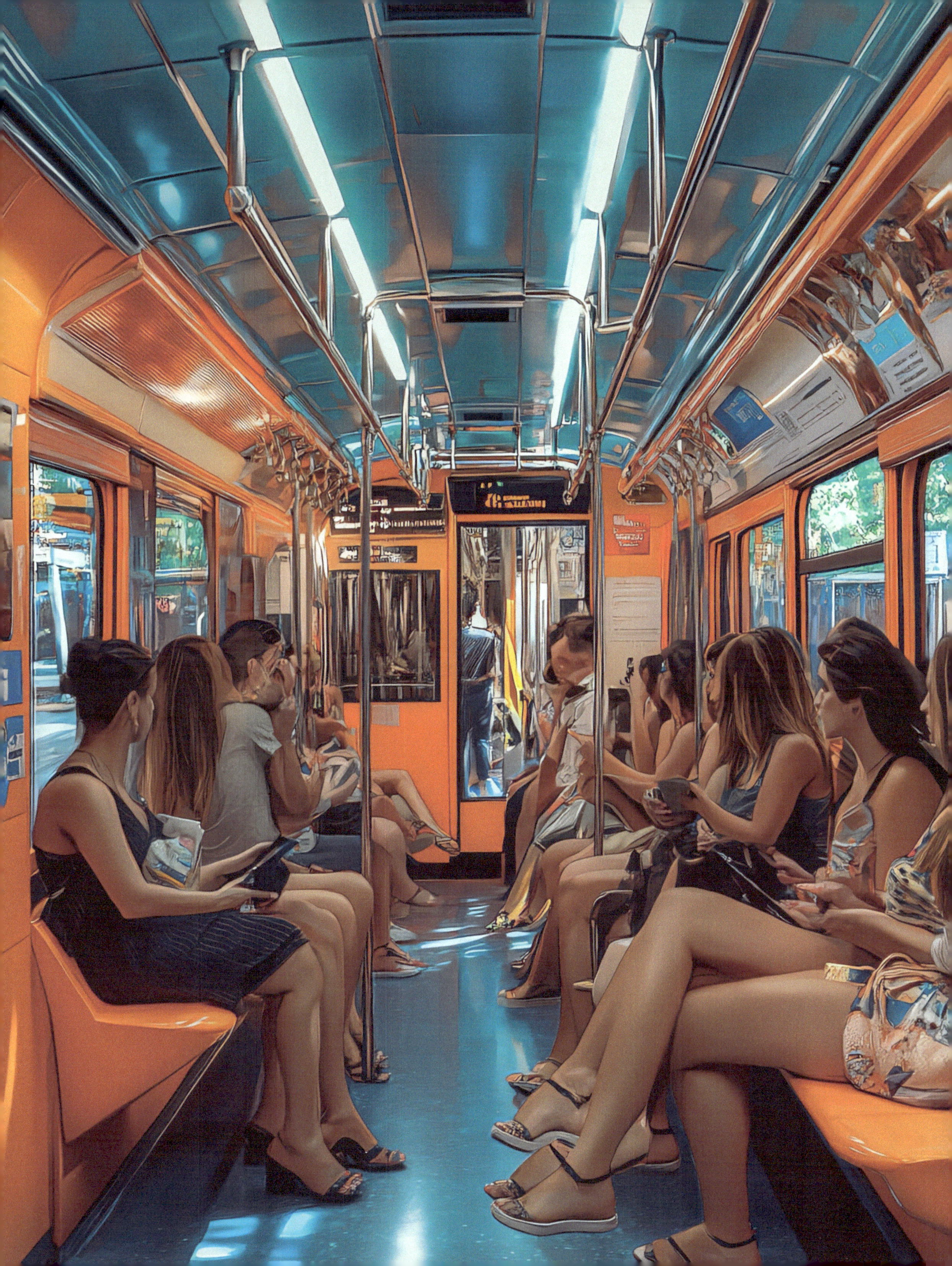

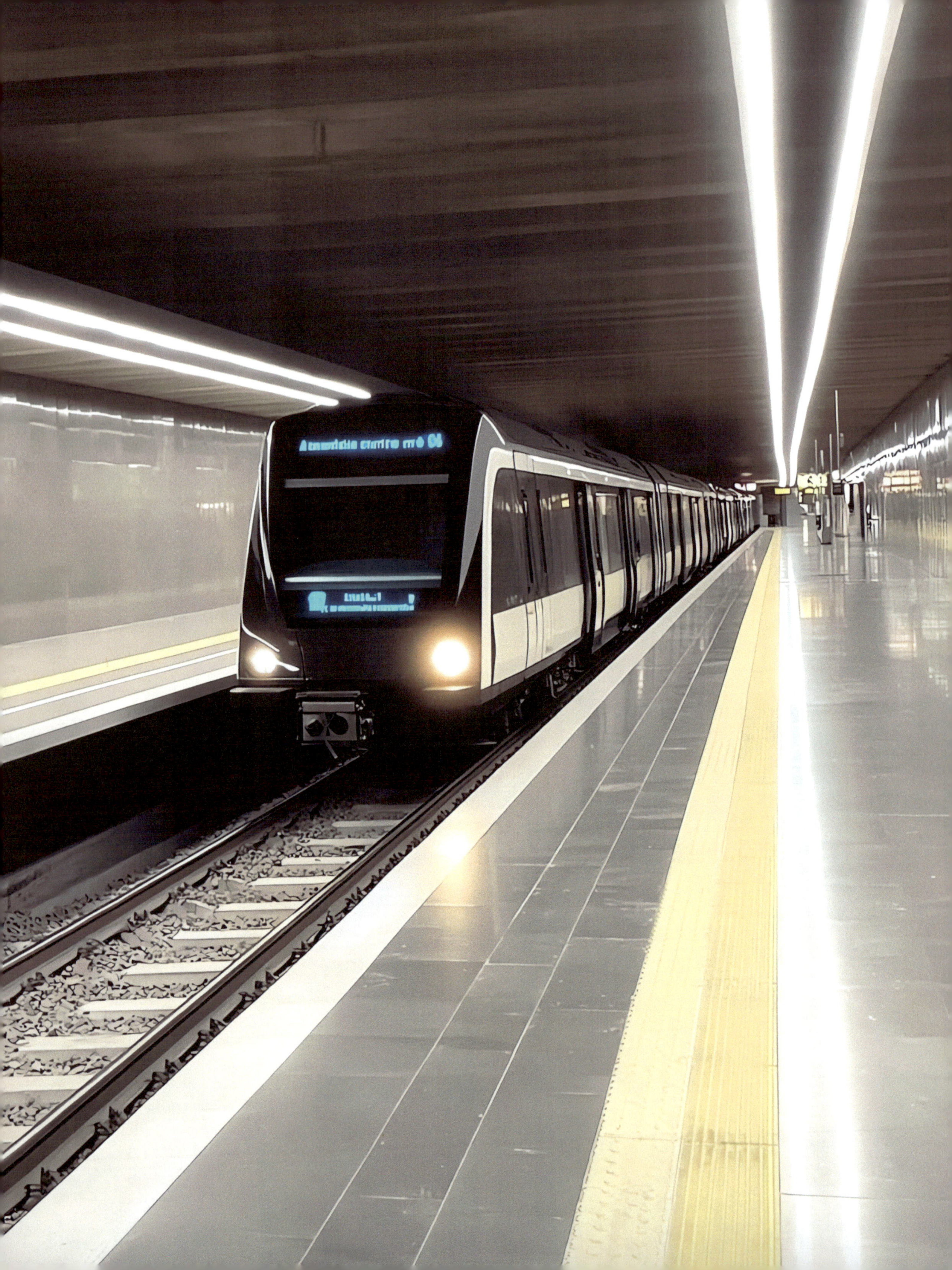

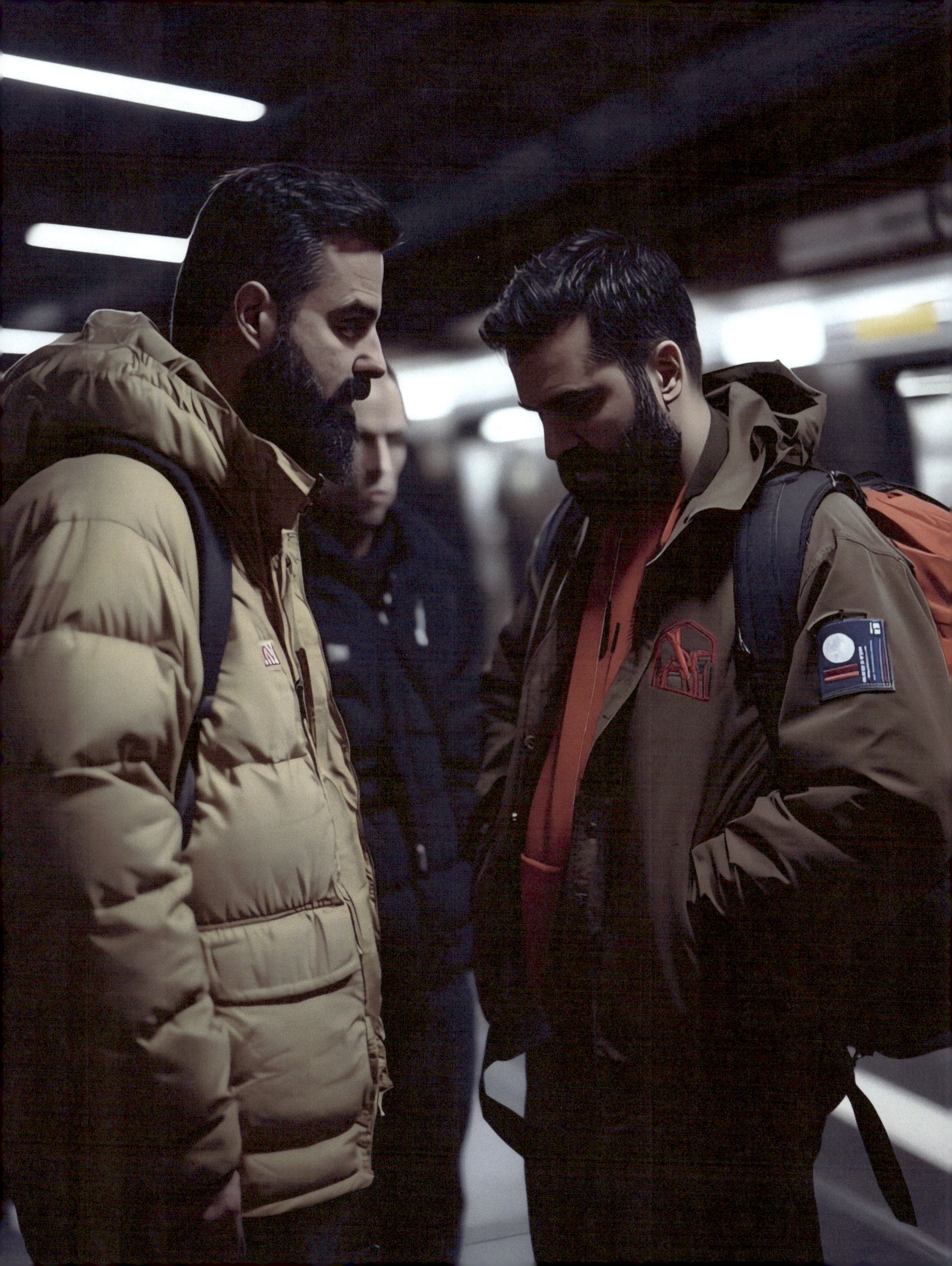

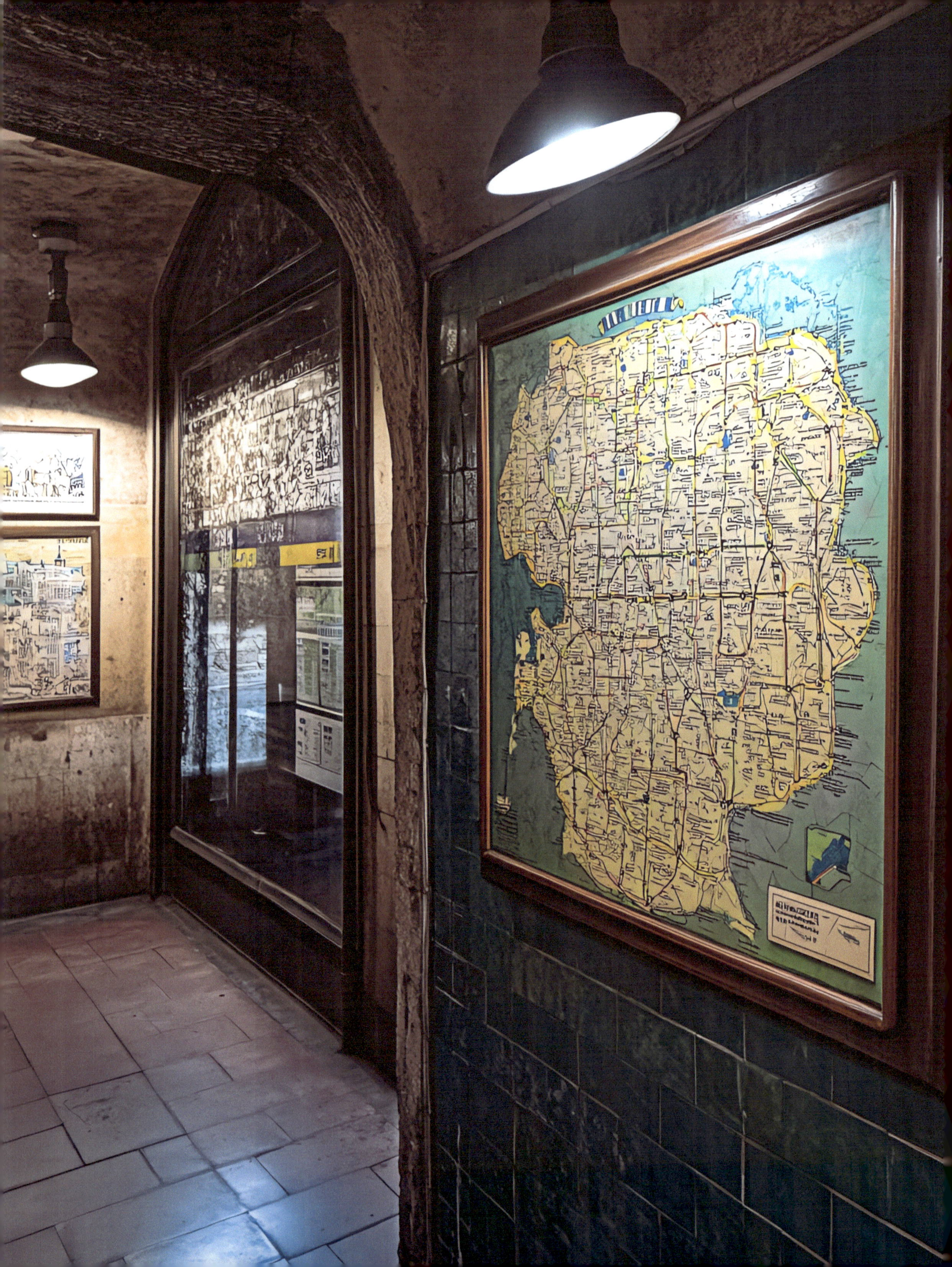

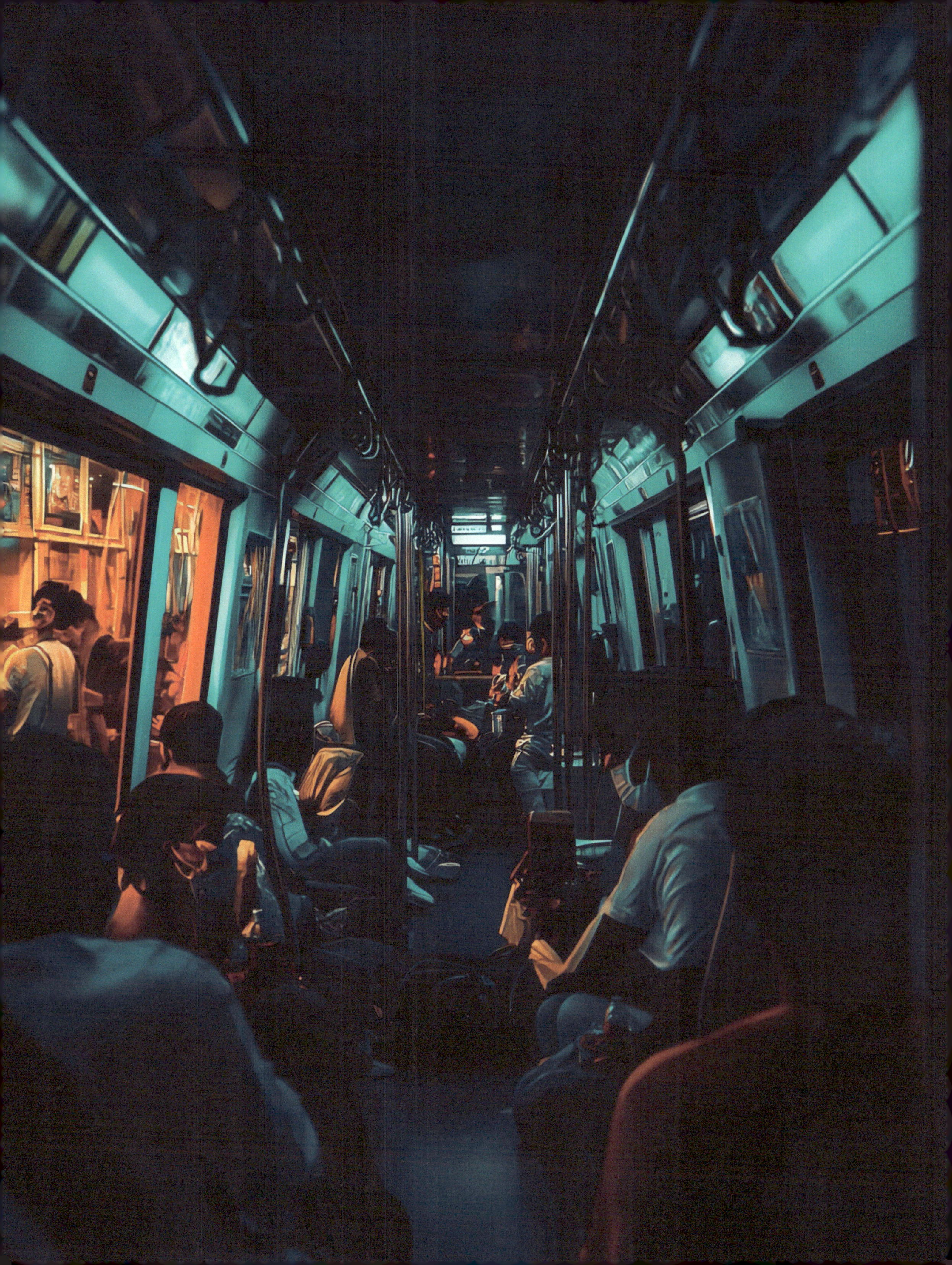

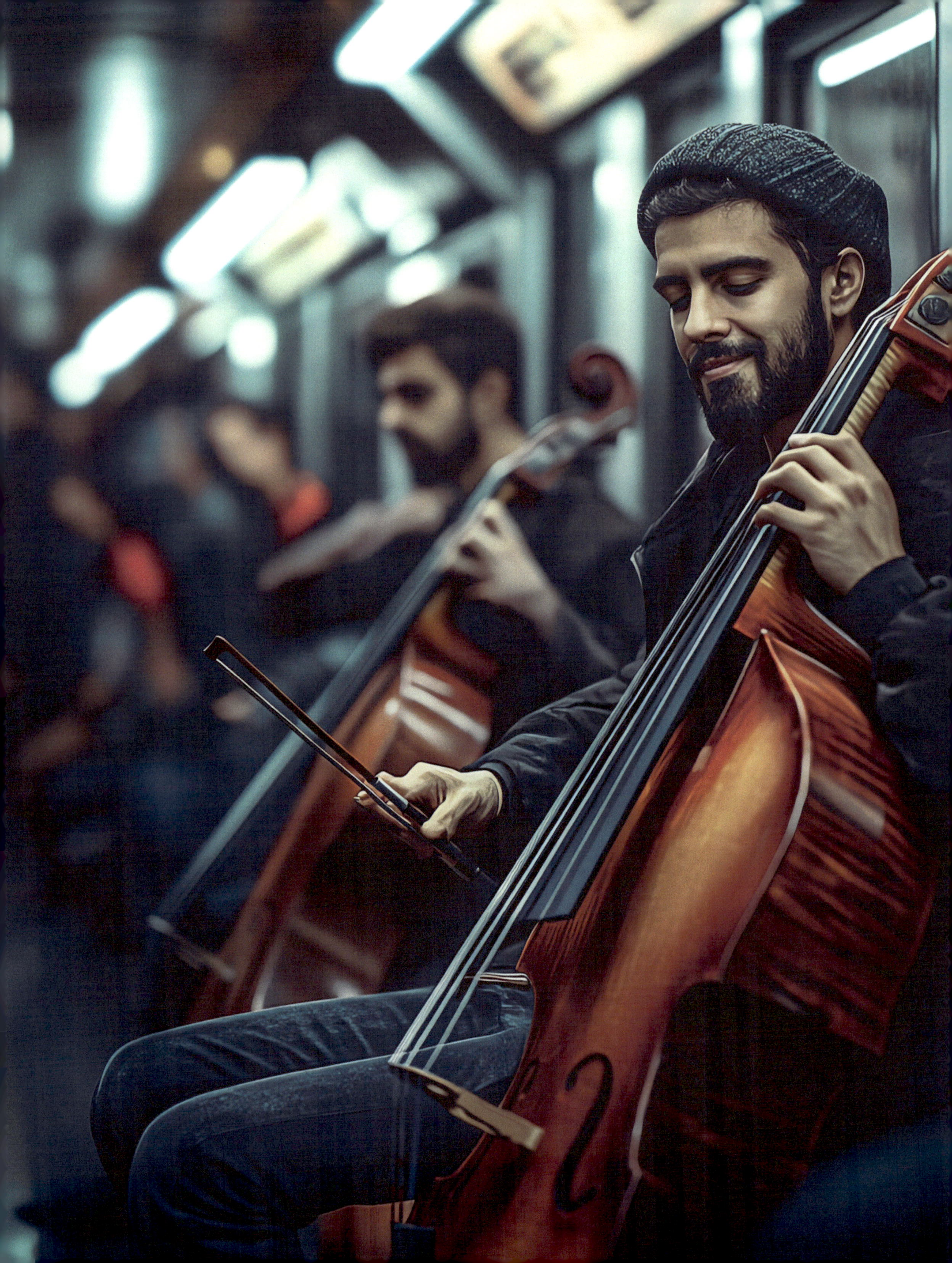

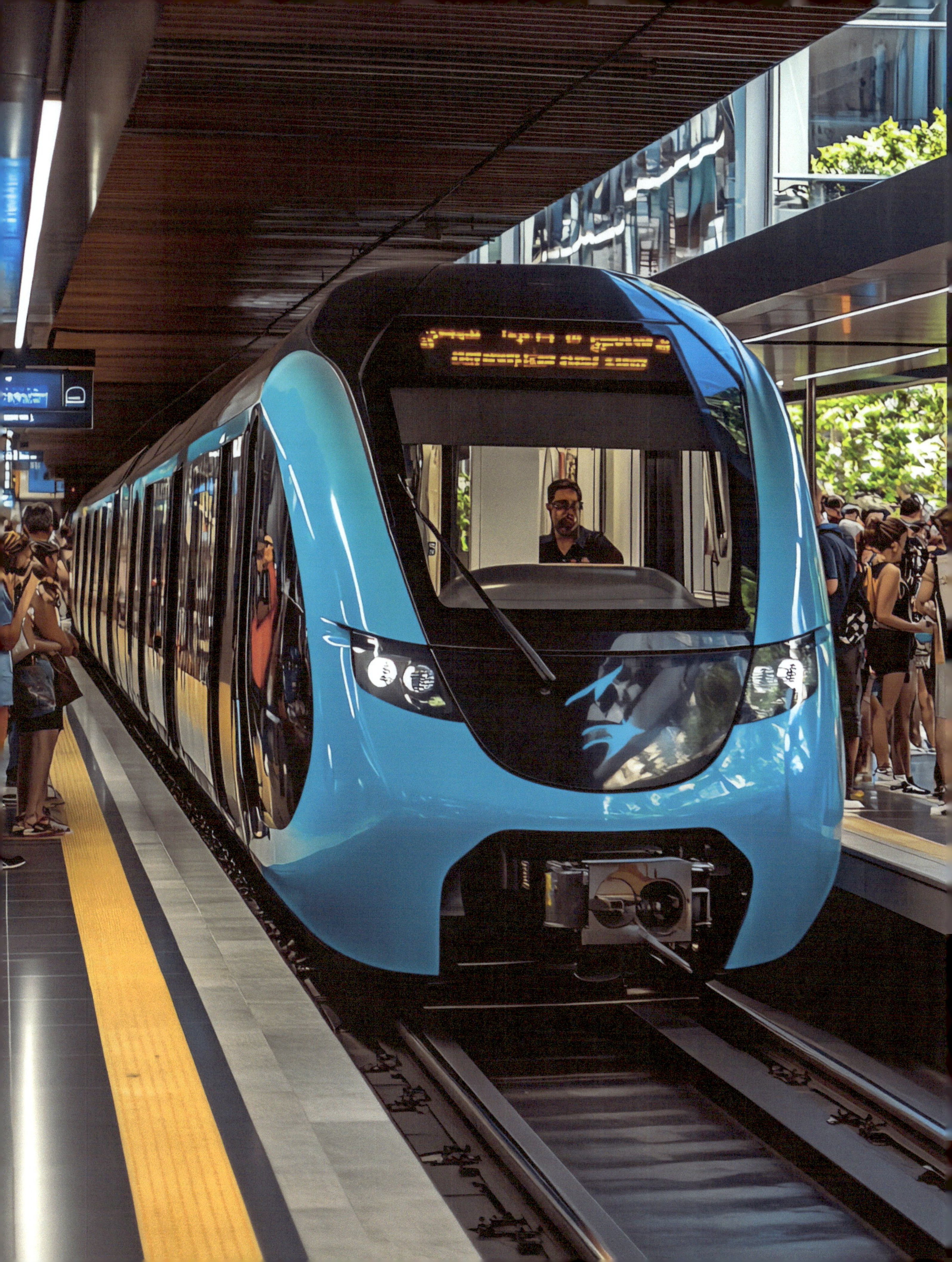

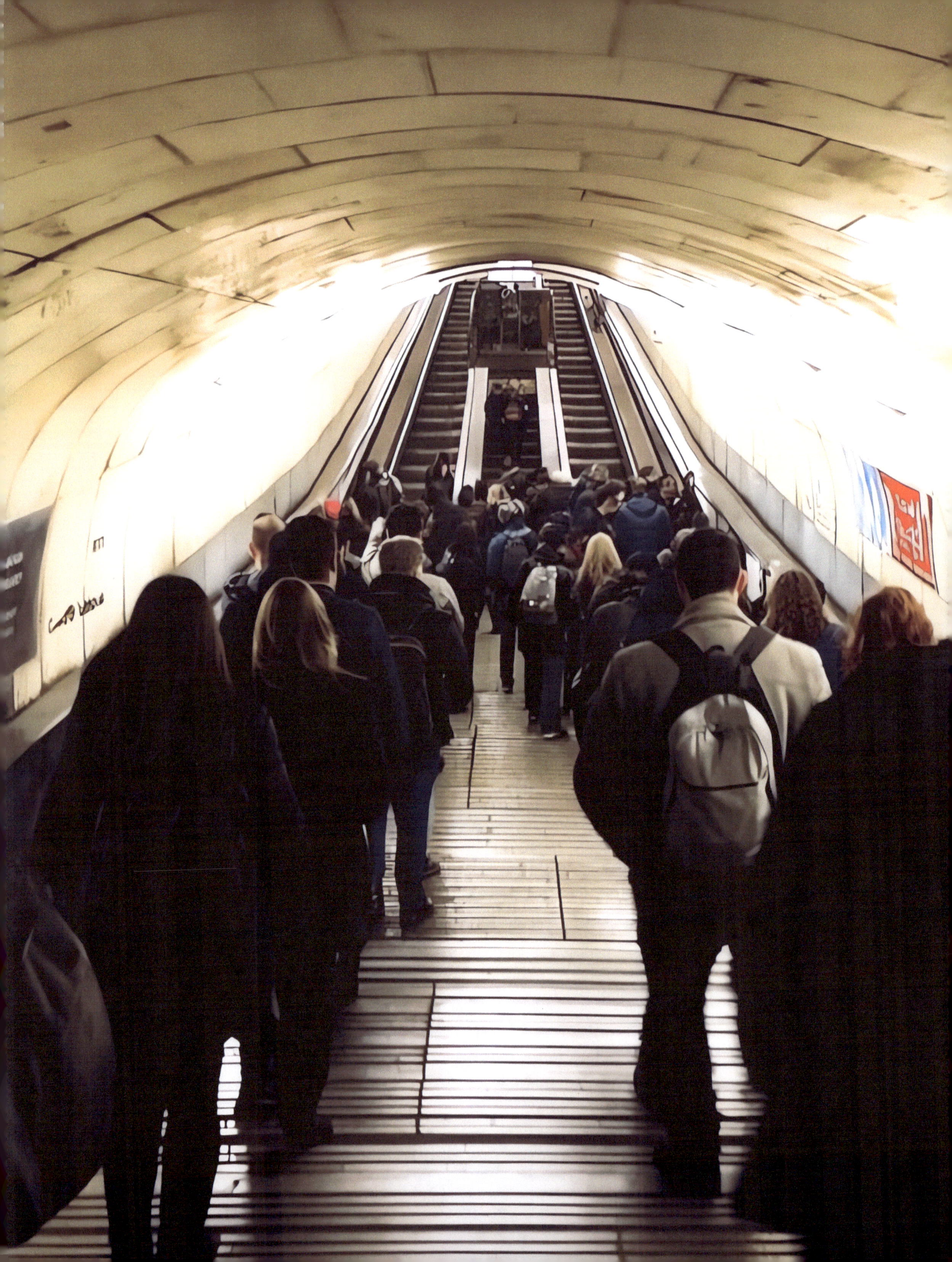

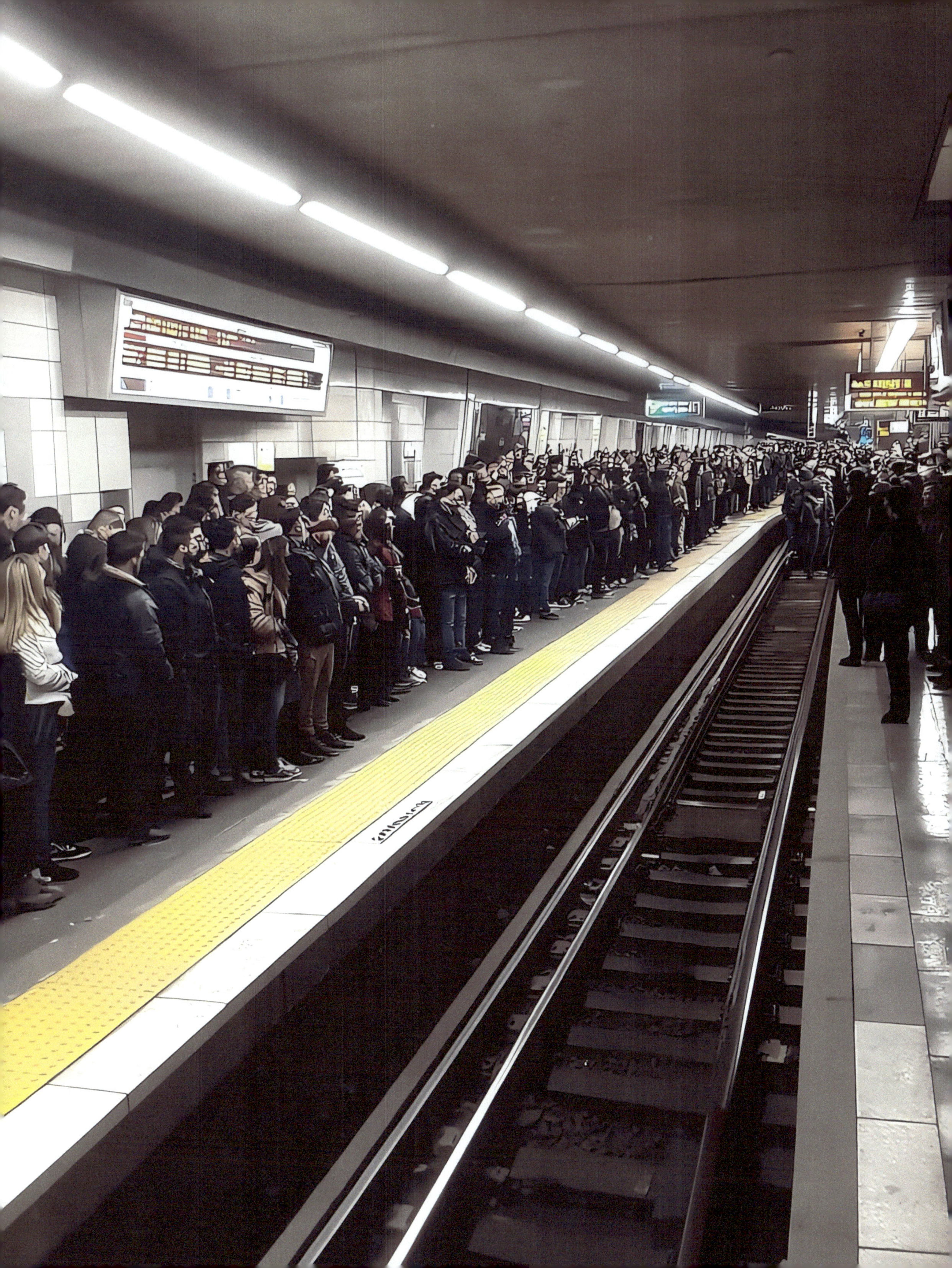

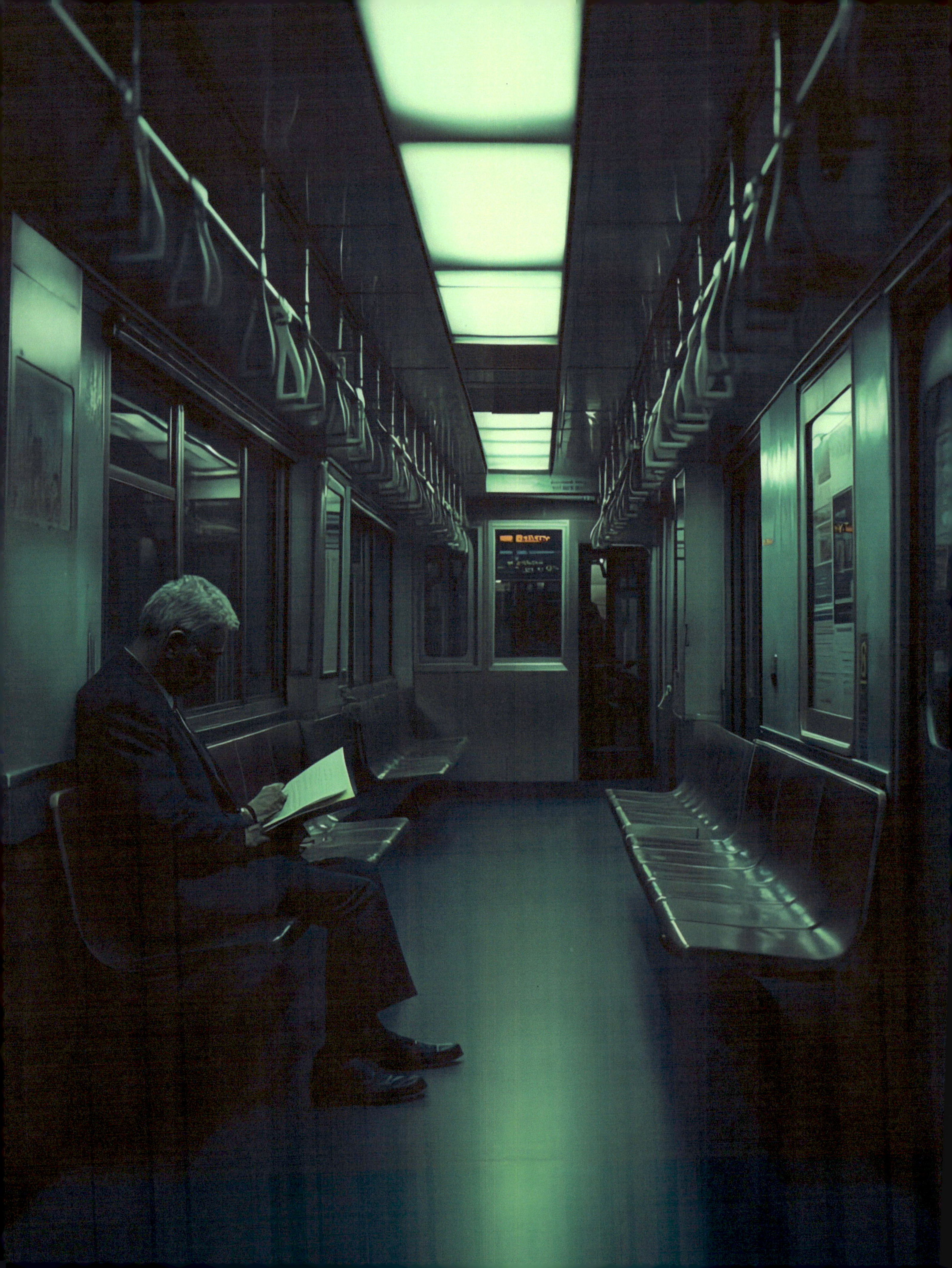

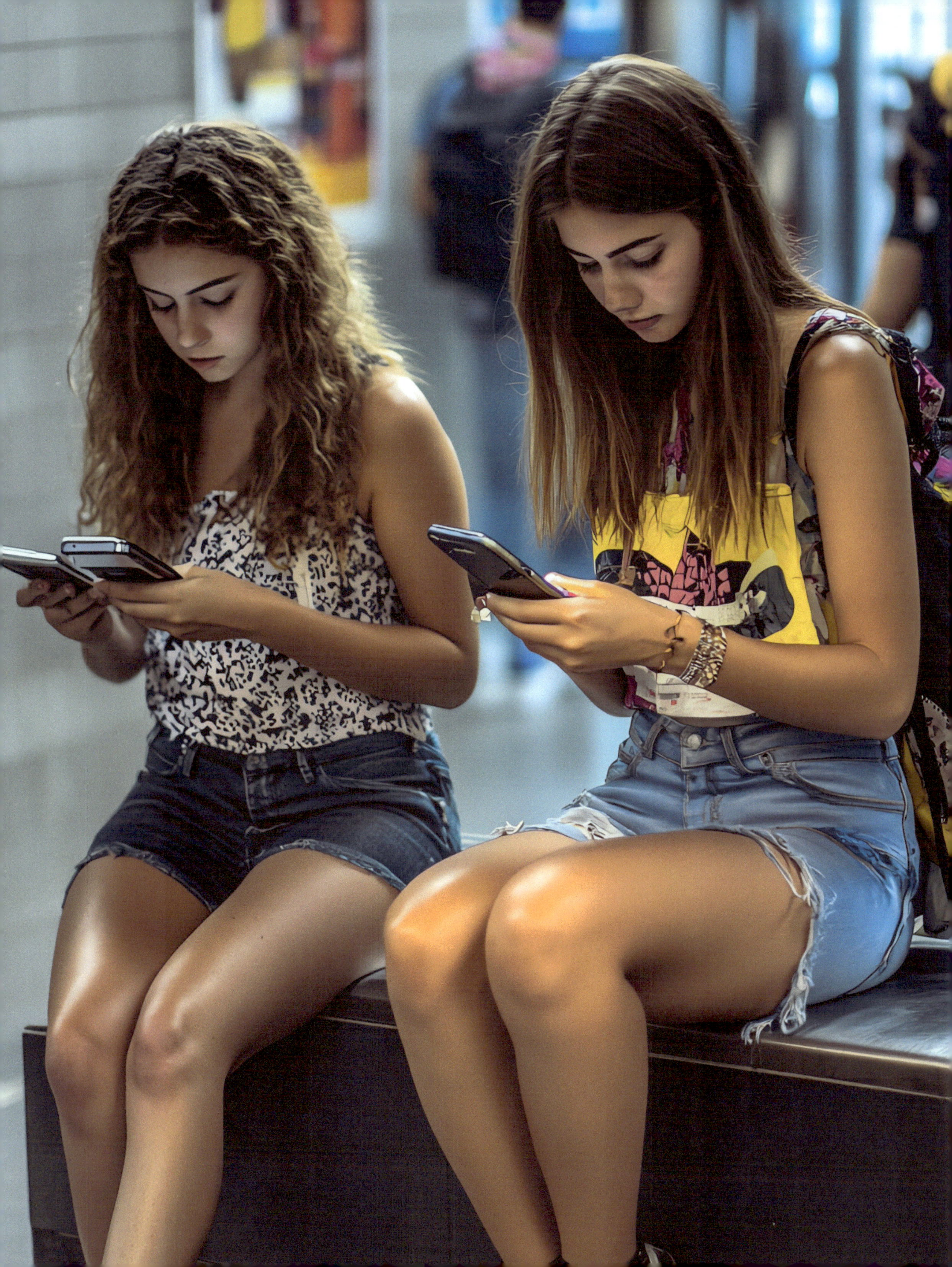

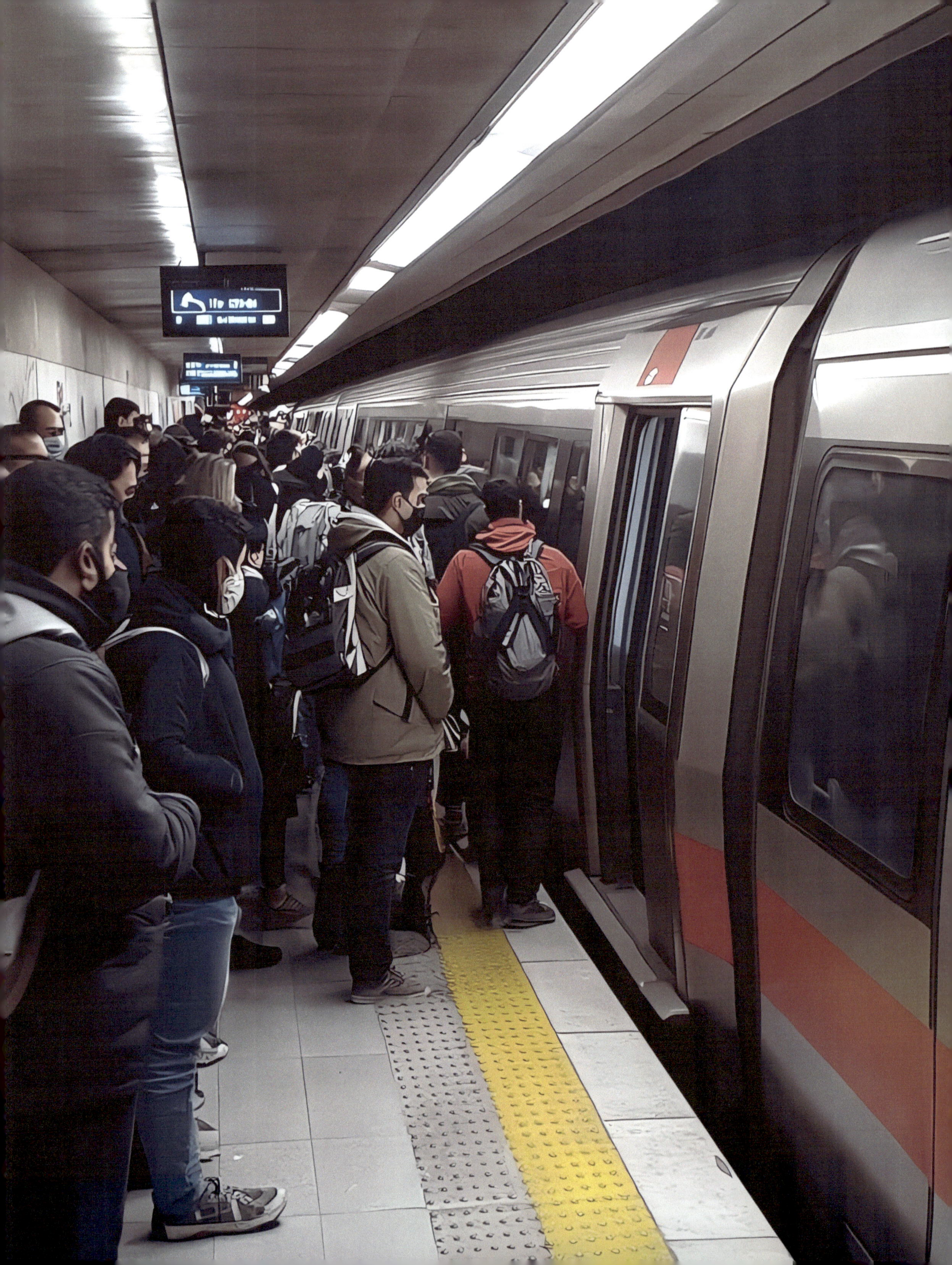

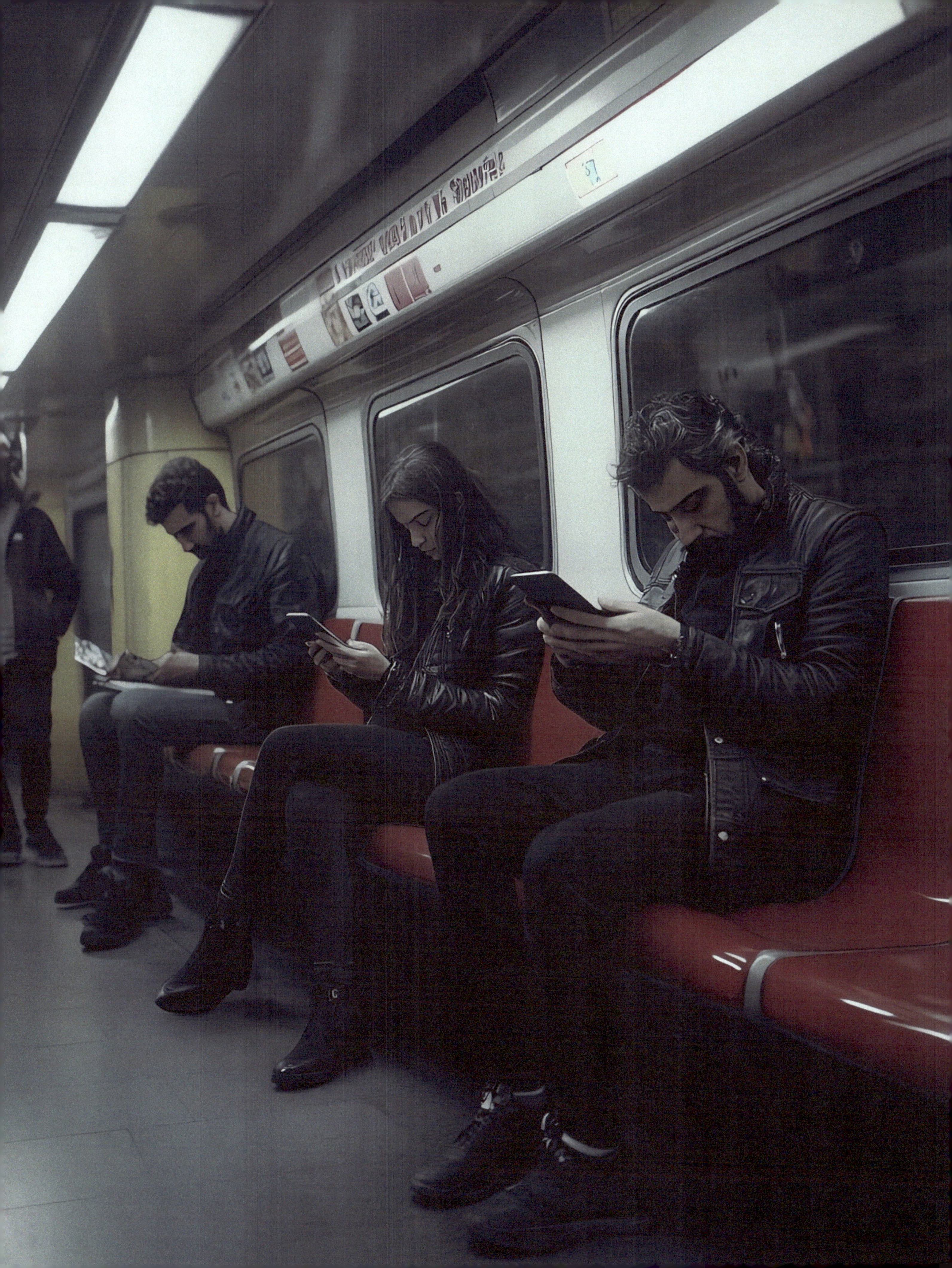

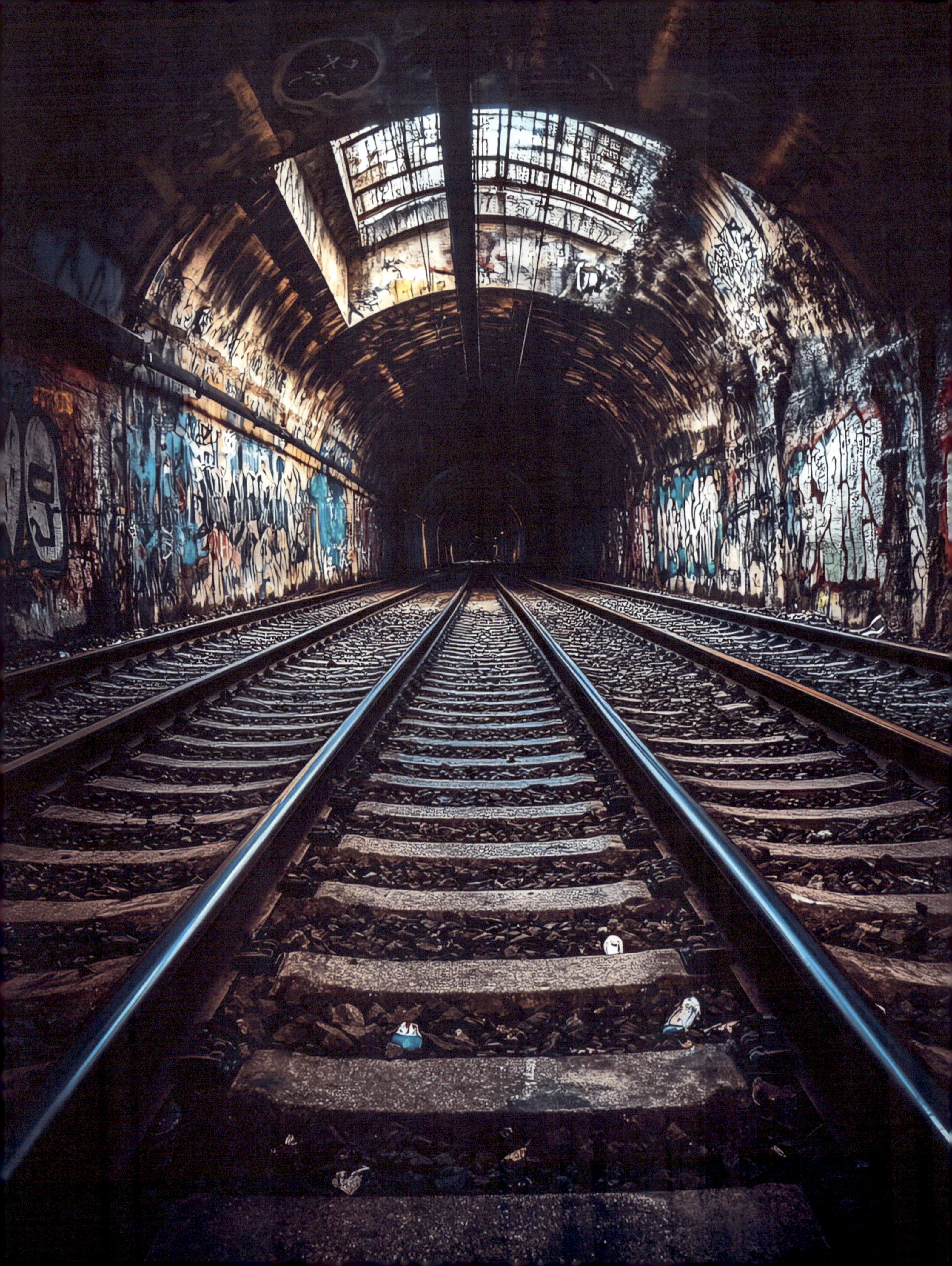